神社へ行って、運気を上げよう！

神道研究家
出口 和生

はじめに

ここ七、八年、仕事や勉強が充実し、また経営や生活が安定し、豊かになっているという実感がありました。

「どうしてだろう?」と考えたとき、伊勢神宮へ毎月参拝に行きだしてからだとハッと気がつきました。

普通よほど神社に興味がある人でない限り、そんなに頻繁に参拝に行かないはずです。特に会社経営などをしていると、仕事が忙しく、神社参拝に出かけている暇があるなら、その分仕事をしたほうがずっといいと思っても不思議ではありません。

ですが、出光佐三や松下幸之助など、あれだけ事業の実績を挙げた人たちでも、やっぱり神社参拝を欠かせていないのです(多くの寄進もされています)。

これをどう考えるかです。

私自身、神社に接してから、運気がグンと良くなりました。

神社は日本国中にあり、いつでも行こうと思えば行けるのですが、案外、普通の日本人が神社のことを知らないことにも気がつきました。

神社（あるいは神道《しんとう》）には、一生かけてその魅力を追求していく価値があるのではないかと感じるのです。

知識だけでなく、実際に神社に行って神様の波動を感覚で覚えるというのも大事だと思います。


仕事運が舞い込み、健康にもなり、家族や仲間とも調和し、資産も築け、できればモテるようになりたいという願いがあるなら、まずは「神社へ行って、運気を上げよう！」と、おススメしたいわけです。

この本が皆様の運気上昇のきっかけになることをお祈りしています。

出口　和生

二〇二一年　十月

神社へ行って、運気を上げよう！【目　次】

第一章　私が神社に引き寄せられるようになった理由

第二章　神道とは何か——素直な心からの理解

第三章　そうだ、神社、行こう！

第四章　みるみる運気が上がってくる〝神旅〟

――南九州への神旅――

――伊勢への神旅――

―畿内への日帰り神旅―

―出雲への神旅―

【本文中に登場する神社の索引】269

第一章

私が神社に引き寄せられるようになった理由

《仏壇か神棚がある家》

随分昔になりますが、テレビで『日本の社長』という番組がありました。宮尾すすむというタレントが、日本各地の成功した社長を取材していくというもので、なかなか面白かったのです。

宮尾すすむ氏いわく、「長く成功を続けている社長に共通していることがあった。それは自宅に仏壇か神棚があるということ」だそうです。

私もサラリーマン時代はあまり気にしなかったのですが、会社経営をしだすようになってからは「自分を超えるもの」の存在を強く意識するようになりました。

会社経営などをしていると、災難や「まさか」が不定期にやってくるのですが、それらは自分ではコントロール不能でした。

また、自分の才能や努力を超える「運」のようなものがあり、それらはどう考えても神様の分野であることだけはハッキリしていました。

かといって、それがすぐに神社参拝に結びついたわけでもなく、日本の神々とのご縁はずっと後のことです。

神縁は自分でゲットできるものではなく「与えられるもの」だということもよくわかりました。

大向こうを唸らせる、勢いのある経営者をたまに見かけますが、その人がいつまでも大成功を続けられるかどうかはまた別問題なのです。

ホンモノの経営者になるか否かの分岐点は、宗教心を持っているかどうかではないかと私には感じられるのです。

《宇宙の進化発展に参加する》

宇宙が常に進化・発展していることは間違いありません。

先日、本を読んでいたら「宇宙の進化・発展に喜んで参加しよう！」という文章に出会いました。

すねたり、調和を乱したり、足を引っ張ったりせずに、素直に宇宙の成長とともに、自分も成長していこうと思うのです。

随分大層なことを言うようですが、宇宙の波長に合わせてポジティブに生きていくことが、極めて大切だと思うのです。

大宇宙の〝ほん〟の塵《ちり》のようなポジションに私たちはいるわけですが、与えられたポジションを活性化させ、輝かせていきたいものです。

大宇宙には意思があり、その意思に沿った言動を行っていくと、自然に幸せになっていくのに違いありません。

大宇宙のエネルギーは無論地球にも届いているわけですが、それらのエネルギーがキリスト教や仏教やイスラム教などに分かれ、人類を導いているのだと思うのです。

私はその中の神道の道を目指して歩いていくつもりです。

《神社参拝のメリット》

神社を訪問し続けている間に、段々と神々の波長と同通してくるように思います。心も進化（深化）していくのですが、何と言っても運気が格段に良くなっていきます。これは私自身が経験していることで、変な言い方になるかもしれませんが、「神社にお参りに行かなければ損」なのです。

日本人として生まれたならば、ぜひとも神社に参拝すべきだと思うのです（なぜなら「そのほうが得」だから）。

実際、私に影響を受けて神社参りを始めた人たちがいるのですが、その人たちを観察していると確実に運気が上昇しているのが見てとれます。

世界宗教と比べても決してレベルの高さにおいて見劣りのしない、日本神道の神々が、太古の時代から見守り、日本は独自の文化を形成してきました。

ハンティントン※の文明の区分では世界の文明を八つに分けているのですが、日本は唯一

※サミュエル・フィリップス・ハンティントン（1927-2008年）『文明の衝突』（鈴木主税訳／集英社）

どこの文明にも属さない独自の文明として区分されています。

日本を日本たらしめているのは「神道」と「日本語」だと思うのです。

天皇の正当性だって、天照大神（アマテラスおおみかみ）から連綿と続く子孫であるということに尽きると思います。

《友人たちとの参拝》

伊勢神宮へグループで参拝に行ったことがあるのですが、そのときに三十代の士業の女性も一緒でした。

彼女は伊勢神宮を訪れるのが初めてだったのですが、「どうしてこの年齢まで来なかったのか！」と、ある種の後悔をしていました。

と、同時に「前世ではきっと来たことがあるに違いない」とも。

次回は事務所のスタッフ全員で参拝したいとのことでもありました。

一緒に行った四十代のドクターは、「参拝に来ると心が洗われるのがわかるのだけど、時間が経つにつれ元に戻りイライラしたりする。定期的に来なければ…」と述べていました。

私は伊勢神宮には月に一度は必ず参拝に訪れているのですが、自分では気がつかないうちに、以前の自分から脱皮し「変身」しているように感じています。

《参拝時のインスピレーション》

当時は私の会社にとって非常に大事な事業転換の案件があったのですが、「もう少し待ちなさい」というインスピレーションを、伊勢神宮の参拝時にいただいたことがあります。

それから二年ぐらい何もしないで待っていると、ある日突然「ゴー‼」を意味する兆《きざ》しがありました。

そこからは一気呵成《いっきかせい》に、事業をすべてストックビジネスのみに絞っていきました。

会社の規模も小さくなったのですが、逆に経営が安定し、手持ちのキャッシュフローが増えました。

また、外宮での参拝を終えて、木の橋を渡ろうとしたとき「お金をどんどん儲けて、どんどん使っていき、日本のGDPのために貢献しなさい」という言葉がふと浮かびました。

これが神様からのインスピレーションかどうかはわかりません。

ですが、少なくともビジネスの世界にいる人間ならば、お金を儲けることに躊躇《ちゅうちょ》していてはいけないように思うのです。

日本には長い間（誇るべき）サムライ精神というのがあり、お金のことを露骨に口にするのは、ちょっと憚《はばか》られる風潮がありました。

お金のことを無視していては、お金に好かれるわけがありません。

お金にもモテるべきです。

お金が潤沢《じゅんたく》にあれば、個人のみならず、世の中の多くの問題が解決します。

私たちには「繁栄する」という使命があるのではないかと思うのです。

これからも勤勉を軸として、情報を収集し、知識を得て、知恵を絞り、繁栄を目指してお金儲けをしていこうと思います。

「お金儲けしたい」という本音のところで頑張っていこうと思うのです。

ちょっとカッコ良く言うと、**「神の繁栄を、この世で具現化する」ことがビジネスパーソンの使命**だということなのであります。

《上機嫌で恩返し》

伊勢神宮に毎月参拝していると「守られている」といった感覚が常にあります。もともと運はかなり良いほうだと思っているのですが、月参り以降、それに拍車がかかってきました。

良い方向へ、良い方向へと導かれていくのです。

まず経済状態が良くなります。
お金に困ることがなくなりました。
人間関係も調和していきます。
と言うか、具合の悪い人からは自然に離れていくようになるのです。

私は人の悪口はまず言いません。

少なくとも悪意を持って陰でコソコソと言うことはありません。

そうすると、不思議にも気持ちの良い人たちだけが自分のまわりに集まってくる感があるのです。

私には霊感はほとんどないのですが、場やモノの波動はよくわかります（単に感じがいいかどうかだけの話なのですが）。

運を良くするコツは波動の悪い場所やモノや人から遠ざかることにつきると思うのです。

掃除をすると場や人の心の波動が良くなります。

したがって、掃除は運を良くするための極めて効率のいい作業でもあります。

運は努力や才能を超えた分野でもあります。

つまり、人の手を離れた神様の分野なのです。

ならば、神様に好かれるようにするのが一番。

いくら努力をしたって、憎たらしい顔をして、素直でない心をしていたら、神様から好かれるわけがありません。

神様から好かれるようにすることは一見難しいことのようですが、案外簡単な気もするのです。


平凡な一日の中にギッシリと幸せが詰まっています。

伊勢神宮への月参り以降、神様への感謝の気持ちが常に山のようにあるのですが、それをどう表現したらいいのかがわかりませんでした。

しかし、今はわかります。

「上機嫌」でいることなのです。

上機嫌にしていることが神様への最大のご恩返しだと思うのです。

また、上機嫌が運を良くするための一番の近道でもあります。

自分が上機嫌だと、当然まわりの人たちもハッピー。

たまに不機嫌な人と遭遇することがありますが、斎藤一人※さんいわく「そういう人は好きで不機嫌やっているのだから放っておけばいい」とのこと。

私の場合はそういった人たちからは「そうっと」逃げ出すことにしています。

※斎藤一人（さいとうひとり）『変な人が書いた成功法則』（講談社＋α文庫）

「神様への感謝は、自分の気持ちを上機嫌にすることによって表す」なんて、月参りをするまで思いもしないことでした。

《ポジティブ思考の威力》

ポジティブ思考と神道とはよくマッチします。

神社参拝を続けているうちに、なぜかポジティブ思考になっていきます。

考え方がネガティブだと、そもそも神社参拝に行こうという気になりません。

渡部昇一※先生の本を読んでいたら、面白いことが書いてありました。

信じられないほどのラッキーが身の回りに起こることを「天からハシゴが降りてきた」と言うのだそうです。

しかも一度「天からハシゴ」が降りると、降り癖がつくのだそうです。

仮に渡部昇一先生ほどの努力をすれば、成功するのは当たり前という考えもあるかもし

※渡部昇一『知的生活の方法』(講談社現代新書)

れませんが、単に努力しているだけでは得られないようなラッキーがやって来て、それが人生のターニングポイントになることがあるのです。

たとえば、渡部昇一先生が学生の頃、貧乏学生には考えられないようなドイツ留学の話が、ある日突然舞い降りて来ました。

しかも、渡部昇一先生の専攻はドイツ語ではなく英語なのです。

成功人生になるかどうかは、考え方ひとつだと思うのです。

小さいときからの思い込みに囚われ、なかなか自由で豊かな人生にならないことが少なくありません。

たとえば、「もったいない」という考え。

「もったいない」に縛られ、モノを捨てずにため込んでいくと、それらが重しとなって足を引っ張り、運気の上昇を邪魔してしまいます。

モノのもったいなさばかりに拘《こだわ》っていると、実はもっと大事な時間を気づかずに浪費していたり、余計な経費をかけてしまっていることが往々にしてあるのです。

「お金のことを口に出すのは〝はしたない〟」という思い込みもあります。

これなどはサムライのストイックさから来ているのに違いありません。

下品な人が下品にお金の話をすると、確かに〝はしたない〟印象を受けます。しからば、「いかに上品にマネーライフの話ができるか」だと思うのです。


「不労所得」という言葉にはネガティブな響きがあるかもしれません。

しかし、これは豊かな人生にとって極めて大切。

根拠のない思い込みを取っ払い、不労所得に関心を持って、豊かな人生に向かって歩んでいくべきだと思うのです。


「マーフィーの法則※」という潜在意識の活用の方法があります。

いかに「虫のいいこと」を考えて日々の生活を過ごしていくかというのは、実はとても大事なことなのです。

どうせ考えるのはタダなんだし、この際「虫のいいこと」を大いに考えていきたいものです。

※大島淳一『あなたはこうして成功する　新装版』(産能大出版部)

考え方ひとつ変えるだけで、人生がグンと好転していくというのは、どうも本当のようなのです。

「虫のいいこと」であっても、神様の力や潜在意識を活用すれば、簡単に夢が実現してしまうことを知りました。

不思議なことに、参拝を続けているとそんなことがわかってくるのです。

《妄想善用》

禅の言葉に「莫妄想《ばくもうそう》」というのがあります。

「妄想するなかれ」という意味です。

頭の中で浮かぶ雑多な妄想を、禅の力で断ち切るわけです。

「妄」の漢字は「女」に「亡ぶ」と書きます。

夜遊びが激しくて会社を潰した人は何人もいますが、会社どころか、皇帝が一人の女に入れ込んだがために、国が滅びた実例が中国史にはいくつも出てきます（たとえば、唐の玄宗と楊貴妃）。

異性問題には気をつけなければいけないのですが、最近は「同性問題」で世間を騒がせる人も出てきて、ややこしい時代になりました。

さて、その「妄想」ですが、悪い方向にではなく、いい方向に使っていきたいと思うのです。潜在意識は現実と夢との区別がつきません（もっと言えば、自分と他人との区別もつかないのですが）。

ならば、現実と妄想との間の「混沌としたところ」に自分の意識を置けば、案外面白いのではないかと考えるようになりました。

私はサラリーマンで言えば完全退職していてもおかしくない年齢で、生活のために働かなければいけないということも、もうあまりありません。

だったら今後は、マジメさからちょっと離れ、いい意味での「妄想力」をもっと活かしてみようと思うのです。

漫画の主人公がどうなっていくかの筋書きは、漫画家次第でどうにでもなります。ならば、自分が主人公である、自分の人生なのだから、自分で好きなように筋書きをつくればいいと思うのです。

世間体とか「生活のため」とかいった枠組みをハズして、ワクワクするストーリーを描いてみるのも悪くないではありませんか。

暴走族ならぬ「妄想族」なのであります。

《幸せなお金持ち》

『金持ち父さん　貧乏父さん』※という本がベストセラーになりましたが、「幸せ金持ち、不幸金持ち」というのもあるようです。

まずは「勤勉」がベースなのですが、そこに「信仰」もプラスしたいと思うのです。

勤勉だけだと、ただのお金持ちで終わるかもしれませんが、そこに信仰を付け加えると「幸せ」になります。

※『金持ち父さん　貧乏父さん』（ロバート・キヨサキ／筑摩書房）

建設会社や不動産会社を経営しながら、一方では個人資産として賃貸マンションを二百棟も所有している人がいます。

物凄い高額所得者であり、また資産家でもあるわけですが、あまり幸福そうには見えないのです。

会社経営で神経をすり減らし、常に何らかの訴訟を抱え、子供が事業を継がず、友人が一人もいないという状態は、ちょっと寂しすぎる気がします。

人間が一番幸せなのは、神様から与えられた素質や環境を最大限に活かし、しかもその中で分相応のバランスある生き方をすることだと思います。

仏教の「中道」の教えに近い考え方かもしれません。

仕事に突出していても、家庭がうまくいかなかったり、常に体調が悪かったりすると、やっぱり幸福感が得にくいのです。

いくら「いい人」でも、一家の主人がシッカリ稼がず、経済力がないと、これまた具合が悪いのです。

自分だけでなく家族の誰かが健康を害すると、もうそれだけで「幸福度を示す針」は一気に下を向くことになります。

せっかく生まれたこの世なのだから、趣味も楽しみたいのです。

趣味は人間の幅を広げ、魂を向上させることだってあるのです。

人と比べた幸福は意味がなく、要はいかに「自分の幸せ」を求めていくかであります。

が、案外「自分の幸せ」がわかっていないことが多く、それを知る一番いい方法は、紙に書き出してみることではないかと思っています（神社参拝とはまた別の話ですが）。

《怠惰、傲慢、自堕落、無知の病気に罹りにくい》

ある経営コンサルタントの本を読みました。

会社が倒産するとき、その経営者は例外なく四つの「病気」に罹《かか》っているとのことです。

「怠惰」「傲慢」「自堕落」「無知」の四つです。

しかしながら、素直で謙虚な気持ちで神社参拝を続けているなら、そういった病気にかかりにくいのではないかと思います。

会社を始めた頃は、勤勉でなければどうしようもなく「怠惰」からは程遠い状態です。ところが、会社がうまく回り出すと、次第に手を抜き始めるのです。子供の頃からの私自身の人生を振り返ってみても、結構「怠惰」の時期がありました。そして、怠惰が様々な問題を引き起こしていました。

傲慢も「小成功者」が陥《おちい》る罠《わな》です。態度が大きくなり、時間にルーズになり始めます。ちょっとうまくいきだした三十代あたりが傲慢の魔につかまりやすく、まさにそこが人生の岐路でもあります（四十代以降でも傲慢な人は論外、つまり話になりません）。奢《おご》り高ぶっていると、自堕落にもなりやすいのです。

小成功した経営者が酒、異性、ギャンブルなどにハマっていくことがあり、冗談抜きにアル中の人もいるのです。

「無知」も極めて具合の悪い病巣です。ちょっと勉強すればいくらでも良い方法があるのに、十年一日の如く同じことを繰り返しているのです。

いつまでも下請けのままで甘んじていたり、いくら働いてもお金が残らなかったりするのは「無知」のせいです。

勉強すれば「無知」などからは簡単に脱却できるのに、怠惰や傲慢や自堕落によって、勉強すらしないのです。

《神社参拝と経営》

一心不乱に働かないといけない時期というのがあり、またそういった時期がないと成功した人生にはなりにくいというのも事実です。

面白いことに、一生懸命働いていると、お金を使っている暇がありません。

したがって、あまりお金のことで困るということはないのです。

独立した人の実感として、必死に働いて三年経ったころに「何となくお客さんも付きだし、少し余裕が出てきた」ように感じることがあります。

私自身もそうだったし、自分の会社を持ったまわりの人に聞いても、そのような答えが返ってきます。

「石の上にも三年」のことわざ通りです。

ところが、事業がうまくいき出すと、油断や奢りが出てくるのです。

そこが最初の分岐点でもあります。

自分が傲慢になったかどうかは、自分ではよくわからないかもしれませんが、一番ハッキリわかるのは「時間にルーズになる」現象です。

自分が約束の時間に遅刻しだすと、完全に危険区域に入ったと思えば間違いがありません。

本業に徹せず、遊び呆けてしまう人もいます。

それでも三年くらいはうまく回転していくことが多いので、やっぱり具合が悪いことに気がつかないのです。

名刺の裏にズラリと奉仕団体や業界団体の肩書などを記載するのも、ある意味、本業に飽きてしまっている状態なのです。

成功しても、いかがわしい投資話に乗ってしまったり、連帯保証人になって没落したりする人もいます。

道を踏み外すことから守ってくれるのは、私の場合、神社参拝しかありません。

《奇跡のような「ふつうに幸せ」》

毎月伊勢神宮に参拝に行っていると、日々の生活においても天照大神を意識することが多くなります。

会社の経営などをやっていると特によくわかるのですが、周期的に「悪いこと」がやってきます。

伊勢神宮に行き出してから、その「悪いこと」があまり来なくなってきたような気がするのです。

神々の力により「大難」が「小難」に、「小難」が「無難」に変わっていくように思います。

当たり前の生活を当たり前に過ごすこと自体が、実は奇跡の塊のようなもので、思いもしない大地震やツナミでも来れば、あっという間にその「当たり前」がどこかへ飛んで行ってしまいます。

自分以外の力で生かされているということに早く気づくべきだし、自分の力でできることなんてたかが知れていると思うのです。

それを思えば謙虚にならざるを得ないわけで、感謝の気持ちが湧いてくるのも、ごく自然の話だと思うのです。

《一万時間の法則》

とは言え、自分の範疇《はんちゅう》でコントロールできる「勤勉」には凄いパワーがあることも事実です。

特に「勤勉」が「継続」されると、何でもできてしまいます。

「一万時間の法則」というのがあります。

スポーツでも一万時間を練習に費やすと、相当レベルの高い選手になります。

一万時間の練習に才能が加わると、オリンピック選手になるのも夢ではないと思います。

この一万時間がどれほどのものかと言うと、一日三時間費やして、一年で約千時間。それを十年こなせば一万時間となります。

仕事だと一日八時間で、年間約二千五百時間。四年で一万時間です。

一万時間本気で仕事をすれば、会社になくてはならない人材になっているはずです。何かをマスターしたければ、いかにその「何か」に一万時間を打ち込めるかを考えればいいということになります。

「一日三時間で十年間」で一万時間なのだから、そんなに難しい話でもないと思うのです。

自分の青春時代の時間の使い方には悔いが残るのですが、今からの黄金時代には集中して一万時間を費やし、何らかの成果を出したいと考えています。

しかも成果だけにこだわるのではなく、その過程を存分に楽しもうとも思っているのです。

《神様の意図を見抜く》

参拝を続けていると、一見自分にとって具合が悪いことが起こっても、それは何か意味があるのだろうと、前向きに捉《とら》えられるようになってきました。

先日も東京からの帰りの飛行機の出発が遅れたのですが「これでじっくり本が読める」と喜ぶ自分がいました。

無理をせずできるだけ自然体で物事を受け止めるようにもなってきました。

たとえば、不動産の契約でも、最初にもめるようなことがあれば、最後まで「ややこしい」ことが多いのです。

ムリをして契約を進めると、無理をした分の何倍ものロスが発生することが少なくありません。

また、運気の良い人たちと付き合うべきです。

逆に心根の悪い人や運の悪い人たちとは接しないで、思いっきり距離を置くべきだと考えています。

まわりの運気に影響を受けないほど、自分は強くないからです。

常にポジティブで前向きな言葉を発していこうと思います。

自分が発した言葉が自分の環境を変えていき、希望に満ち溢れた世界をつくっていくのは間違いがないと思っています。

神道に目覚めたのは実にラッキーでした。

何にでも感謝できるのです。

早い話が毎朝ワンちゃんと散歩できるだけでも「幸せ」の塊《かたまり》なのです。

ワンちゃんも私も健康で、雨も降らず、地震や津波も来ず「当たり前のように散歩ができる」こと自体が奇跡のようなものです。

これを感謝せずして何に感謝するというのでしょうか。

エジソンにとっては「失敗」というのはありません。

たとえ百回の実験に失敗しても、それらの条件ではダメだということが実証できただけの話です。

たまに時間ばかり使ってしまい、何ら成果の出ないことがあります。

今まではならガックリきていたのですが、「そうすればうまくいかない」ということがわかっただけ、プラスだったと思えるようになりました。

いい言葉ばかりを口にするなんてことができるのかといえば、これが案外簡単にできるのですね。

「今後は一切悪い言葉を発しない。天国言葉で満たしていくぞ」と思った瞬間から、運命の扉が開けていくようです。

要は、こんなシンプルなことを素直に信じ、そして実行していく〝ちっぽけ〟な習慣が、この世での成功・繁栄・発展をもたらすカギだと思うのです。

《素直に信じるだけ》

「虫のいいことばかり考えて」などと言うと、ちょっと否定的な感じもするのですが、真理はとてもシンプルで、素直に「虫のいいこと」ばかりを考えればいいだけです。

どうも天は「歯を食いしばって」とかいうのがあまり好きではないようなのです。

また「努力をしなければ報われない」と勝手に思い込む必要もなく、「努力に頼らなくても自由自在に夢が実現する」というのが、とても面白いところです。

つまり「自分はそこまでの努力をしていないからダメなのだ」と遠慮することは全然ないということなのです。

才能とか努力とかいった分野は、顕在意識のごく一部の話であって、人にはその何百倍ものパワーを持った潜在意識があります。

潜在意識は魔法のランプのようなもので、願いを何でも聞き届けてくれます。

この実に簡単な真理を単純に信じることができるかどうかが、人生成功のカギを握っていると言っても過言ではないような気がするのです。

自分の夢を潜在意識にインプットさえしてしまえば、その願いは潜在意識の中で形づくられ、あとはそれが現実化するのを待つだけなのかもしれません。

現実化するまでの間に当の本人がする努力は何もなく、肩の力を抜いて自然体で「当たり前」のようにして待っているだけです。

いわば「神様にお任せ」状態だということです。

潜在意識は過去と現在と未来の区別がつかず、本人がそう信じて振る舞えば、そうなってしまいます。

塩谷信夫※さんは東大の医学部を出た医師でしたが「祈り」でいろいろな病気を治しました。

実はそれが原因で東大を追い出されたわけなのですが、その塩谷信夫さんが言っておられることが「祈りはなぜか過去形でするほうが効果がある」。

「〇〇になることをどうかお願いします」と祈るよりも「〇〇にしていただいてありがとうございました」と過去形で言い切ってしまうわけです。

※塩谷信夫『自在力』（サンマーク出版）

マーフィーの法則は、ひと言で言うと潜在意識の活用ということなのですが、こんな重要な法則を学校はおろか社会でも習うことがないのです。

一度「天から（ラッキーの）ハシゴ」が降りると、降り癖がつき、「以降、何度でも降りてくる」というお話を渡部昇一先生からお聞きし、うれしくなってしまいました。

斎藤一人さんが述べるように「良いことが雪崩《なだれ》の如く、次から次へと押し寄せてくる」わけです。

「そんなわけがない」などと否定せずに、幼子のように疑いなく信じてしまうと、やっぱりラッキーが次から次へと降り注いでくるしかないのです。

《参拝で考えること》

伊勢神宮の外宮・内宮を回っていると、慣れていても二時間以上の時間を費やします。

その間、生き方の反省もすれば、「こうしていこう！」といった決意もします。

ときには神様からのインスピレーションのようなものを得ることもあります。

今まで何人もの尊敬できる人たちと出会い、中には私にとってメンター的存在の方もおられます。

最近は年下の人たちの中で、尊敬できる人を見出すようになりました。

その人たちの共通点は「悪いことは口に出さない」なのです。

人の悪口はもちろんのこと、すべての面で悪いことは口に出さないのです。

「悪いことは一切言わない」…こんな簡単なことで、人生がガラリと変化していくのだからたまりません。

「言葉は言霊《ことだま》」なので、口に出すと成就してしまうのです。

だから悪いことは言わないに限ります。

逆にいいことばかり口にしていると、自然に「いいこと」ばかりが起きるのも当然と言えば当然です。

「悪いこと」の中には取り越し苦労や、愚痴や、人への悪口、あるいは自分への悪口など、すべてのことが含まれます。

とにかく一切の「悪いこと」を口にしないということ。

心の中でチラッと悪いことが浮かぶのは仕方がないとして、それを口に出してはいけないわけです。

「悪いことを口に出さない」を実行するだけで、最上級の人生になっていってしまいます。

人それぞれに職業も状況も違うのですが、とにかくそれぞれの立場で最上級の人生になるわけです。

同じように「嫌なことは考えない」も、ぜひとも実行したいことなのです。

何か自分にとって不都合なことが起こったときに、その原因とも思われる相手のことを考えてしまうと、どんどん心が地獄へと引き込まれてしまいます。

そんなときはすべて神様にお任せしてしまうのが一番です。

神社へ行って神様とのご縁を深めていくと、大難が小難になり、小難が無難になる「おかげ」があります。

最初から「嫌なこと」が起こりにくくなるわけです。

私はそれを実感しているのですが、それは解説不可能。

解説不可能なことを信じられるかどうかなのですが、それが「信仰」というものなのでしょう。

《人生は思うようにしかならない》

脱線ついでにもう少し書くと、「人生は思い通りにしかならない」……これは超優良企業の日本電産を一代で築き上げた永守重信社長※の言葉とのことです。

ただし、ご本人が書いた本で読んだのではなく、ある自己啓発書で見つけたものです。

永守重信さんクラスの方がこの言葉を発すると、なにせ途轍《とてつ》もない実績があるので、思わず納得してしまいます。

「人生は思い通りにならない」と思って生きるより、「人生は思い通りにしかならない」

※永守重信『「人を動かす人」になれ』（三笠書房）

と思うほうが楽しいに決まっているし、実際そうなる確率は高くなると思うのです。

ポジティブ人生を歩むからには当然「人生は思うようにしかならない」ほうを選択したいものです。


問題は何を「思うか？」なのです。

会社経営の本などでは「経営計画書」の重要性を口を酸っぱくして述べていますが、これも結局「会社をどうしたいのか？」を数字を持ってビジュアル化するという作業にほかなりません。

目標（夢）を実際に書いてみると、実現する確率がグンと高くなるというのは会社でも個人でも同じことだと思います。

「人生は思う通りにしかならない」と素直に信じればいいと思うのです。

私の場合は神道への信仰があるので、神様にお任せすればすべてオーケーといった極めて気楽な気持ちがあります。

仮に多少思うようにならなかったとしても、努力の過程を楽しんでいけば何の問題もありません。

結果だけにこだわるから苦しいし、楽しくないのです。

本を読んでいて次のような文章にも出会いました。

「忙しくて勉強する暇がない」という人がいるけれど、本当は「勉強しないから忙しくて仕方ないのだ」。

これはかなり真実だと思うのです。

三十代の私は毎日目が回るような忙しさでした。

それが悪いと言っているのではなく、こういう時期があってこそ、実りの後半生があるのは間違いがなく、「一心不乱の三十代」がないような人は決して大成しないとも思うのです。

が、勉強している六十代の今の私は、勉強時間がなかった三十代と比べ、精神的にも経済的にも十倍ぐらい充実しています。

ひょっとしたら、この世は「勉強したもの勝ち」の世界なのかもしれません。

《繰り返していくうちに運命が変わっていく》

参拝を続けていると、いつの間にか豊かで幸せになっているというのは、この本のメインテーマでもあるのですが、健康本を読み続ければ健康になっているし、自己啓発書を読み続ければ、やっぱり自分が良い方向へ変化しているのです。

「自己啓発書を読むと本当にベンツが買えるのだろうか？」と次々と自己啓発書を読んで、実際に夢を実現させ、その経験を本に書いた人がいます。

『自己啓発書を読んでベンツを買った話』（チェ・ソンラク／きこ書房）というそのままの題名です。

著者は四十代ぐらいの韓国の大学教授で、年収は四百万円ぐらいなので普通ならベンツは買えません。

しかし、専門書の合間に息抜きとして自己啓発書を読んでいき、読み始めて二年ぐらいしてから「ちょっと本に書いてあることを実行してみようか」となったのだそうです。

本を読み始めてすぐに実行したわけでもなく、また一冊やそこらを読んで夢が実現したわけでもないことに、私は非常に興味を持ちました。

ここに極めて重要な「真理」が隠されているように感ずるのです。

良いことを教えてもらったり、凄い人から刺激を受けたりしても、なかなか実行にまで至らないのが普通だと思うのです。

それが普通であって「だから自分はダメなのだ」と思う必要は更々《さらさら》ないと思うのです。

良い話を聞いて、逆に自己否定の気持ちを強めてしまっては本末転倒です。

要は、繰り返し繰り返し続けていくこと。

繰り返していくうちに、段々と自分も周辺も運命も変わっていくということなのでしょう。

成功の秘訣は「運・鈍・根」だと昔から言われています。

「運・鈍・根」の中には「才能」や「努力」といった要因が全然入っていないことを、かねてから不思議に思っていました。

また「鈍」などという、一見ネガティブな言葉が入っていることも意味不明でした。

が、今は「運・鈍・根」の意味が完全にわかります。

「運」は神様に好かれることだし、「鈍」は（打たれ強く）愚直に続けていくことだし、「根」は根性ではなく根気なのです。

そうなると何となく「成功への姿」が見えてきませんか。


成功することもうれしいことですが、その過程も大いに楽しむべきだと思うのです。

結果ばかりを気にしていると（特に最初の頃は実力がないので）すぐにメゲてしまいます。

たとえば、語学を例にとっても、勉強し始めの頃は自分の頭の悪さに愛想が尽きます。

でも、結果を気にせず、勉強できる喜びを楽しんで続けていけばいいのです。

倦《う》まず弛《たゆ》まず同じ方向に力を集中していくと、やがて大きな流れとなるはずです。

そこまで我慢ができるか否か。

でも、本当は我慢だっていらないわけです。

なぜなら、過程を十分に楽しめばいいだけなのですから。

《心の奥の奥から正していく》

ある整体師が「腰痛で苦しんでいる人たちの職業で一番多いのは何だろう?」と調べていたところ、その答えは意外なことに「無職」だったそうです。

腰痛には「働きたくない」という潜在的な原因があるようなのです。

肉体だけではない、もっと根本的な要因が腰痛にはあると、その整体師は喝破《かっぱ》しています。

「腰痛は体の叫びだ」とも述べています。

会社で嫌な上司がいたりすると体が病気になりたがるというのは何となく理解できます。

私も以前、毎週例会がある集まりに所属していたのですが、その時間が迫ってくると決まって体調が悪くなり、不登校の子供の気持ちがよくわかりました。

集まりに参加している意義がよくわからなくなり、体調にまで影響したというわけです。

暴飲暴食で体を痛めつけるというのは論外ですが、案外本人が気がつかないところで、体が病気を望んでいるといったことも少なくないのではないかと思うのです。

「病気になったのは、本人が望んでいたから」というのは、あながち〝的外れ〟な話ではないかもしれません。

人間の内臓にはそれぞれの意思があると言います。

たまには内臓とコミュニケーションを取るのも大事じゃないかと感じるのです。

むろん感謝も、です。

健康の本を手当たり次第に読んでいるのですが、なかなか面白いですね。

人によっては正反対のことを主張していて、普通に読んでいたら頭が混乱してしまいます。

たとえば、「水はできるだけ飲むように」という人もいれば「水は飲まないほうがいい」という人もいます。

ひと言で言えば、前者は「水はカラダに潤《うるお》いをもたらす」ということだし、後者は「水はカラダに冷えをもたらす」ということなのです。

私自身はどちらかいうと「水を飲まない」派です。

「肉は食べるべし」と説く人もいれば、「肉はできるだけ食べないほうがいい」と言う人もいます。

私はどちらかというと「肉を食べない」派です（そんなに厳格ではありませんが）。

「食する」というのは、何かの命をいただくということでもありますが、できれば動物の命を奪いたくないわけです。

食するためならまだ仕方がないと思いますが、ハンティングのような遊びで、意味もなく動物の命を奪うことは許されないと思うのです。

その点、植物は「食」されることを悟っているというか、むしろ「食」されることを喜びとしている傾向があるような気がします（勝手な思い込みかもしれませんが）。

健康の本を読めば読むほど「食」の重要さを感じるし、もう一歩その奥の「食」が持つ霊的エネルギーにも関心を持たざるを得なくなります。

第二章

神道とは何か——素直な心からの理解

《朝の宗教・木の宗教》

神道《しんとう》は朝の宗教です。

できれば神社も午前中に行くのがいいように思います。

早朝の神社はもうそれだけで気持ちがいいのですが、伊勢神宮に夜明け前の真っ暗な時間帯に行っても、何となくピンとこなかった経験を何度もしています。

天照大神（アマテラスおおみかみ）は太陽の神様なので、真っ暗だとそのエネルギーをいただけないのかもしれません。

伊勢神宮では夜中に大勢の神職たちによって、重要な儀式が行われることがありますが、一般の神社を、夜に訪れるのはスピリチュアル的にも避けたほうがいいように思います。

神道は木（森）の宗教でもあります。

古い神社には大木が育っていることが少なくないのですが、木が大きく育つところは「氣」がいい場所とも言えます。

大神《おおみわ》神社などは、山自体がご神体ですが、確かにエネルギーに満ち溢《あふ》れているのを体感できます。

《神道的生き方》

神道に即した生き方があるのかと問われれば、やはり「ある」と答えたいですね。

まずはシンプルライフ。

本当に自分が大切にしたいものだけを残し、あとはバッサリ断捨離してもいいのかもしれません。

人生は短いのに「何もかも」取り入れようとするから〝ややこしい〟のであって、生き方をシンプルにしたら実に楽だし、むしろ果実も大きくなります。

経営的に言うなら「売上減の利益増」といったところかもしれません。

趣味も、あまりに時間がかかり過ぎるものや、お金がかかるものには手を出さないほうがいいかもしれません。

《掃除は神事》

神道的生き方の具体的作業として重要なのが掃除ではないかと思います。

私も鍵山（秀三郎）※流掃除道の弟子なので、たぶん人の二十倍くらい掃除してきたのですが、掃除に対する気持ちや考えは結構ブレてきたように思います。

が、ここにきてようやく「掃除は神事だ」という心境に落ち着きました。

神事なので、たまに掃除の時間を短縮することはあっても、雑な気持ちで取り組むことはありません。

かつては早朝に会社に出社し、二時間以上かけてピカピカにしてきたのですが、最近は会社の掃除はスタッフに任せています。

私はもっぱら自宅と（自社運営の）コインパーキング。

私が自分でコインパーキングを清掃して回っている間は、コインパーキング事業は大丈夫だと思っています。

掃除は目に見えるキレイさだけでなく、ケガレや厄《やく》を払い落とすという効果があります。

※鍵山秀三郎『掃除道』（PHP 研究所）

ある会社が社用車の掃除を徹底して行うようにしたところ、目に見えて事故が減ったそうです。

優秀な工場は例外なく機械も床もピカピカに磨き上げられています。

行き届いた掃除が製品不良率を落とすというのは、ちょっと考えても納得できることです。

自宅の掃除はモノの処分から始めるのが一番です。

モノが多いと、何事につけ時間が取られるのです。

モノが少ないと掃除がしやすくなります。

汚いところを掃除するのは大変ですが、キレイなところをキレイにするのは楽なのです。

《神道と天皇家》

神道と天皇家とは切っても切れない関係で、天照大神の直系の子孫というのが、その権威の一番大きな理由ではないかと思います。

令和の今上《きんじょう》天皇が百二十六代目の天皇ですが、今まで男系によってのみ繋がれてきました。

女性の天皇も何人かおられますが、すべて「男系の」女性天皇です。

百二十六代目の今上天皇は、初代神武天皇と同じY染色体を引き継いでいるということになります。

あれだけ力のあった藤原氏でも、娘たちは皇室に何人も入った歴史がありますが、息子たちは一人も入っていません。

つまり天皇家は、藤原氏の血筋に乗っ取られるようなことはなかったということでもあります。

《天照大神の子孫たち》

天皇家は天照大神の長男（オシホミミ命）の家系ですが、一方、次男（アメノホヒ命）の家系は、出雲《いずも》大社の宮司として連綿として続き、今の宮司で八十四代目です。

いずれにせよスゴイ家系で、世界を探しても、これだけ続いている家系はないのではないかと思います。

天皇家が百二十六代で、出雲のほうが八十四代と、数字的には随分と差があるのですが、天皇家は兄弟で継いだり、また政治的な思惑があったりして、そうなっていったのだと思います。

親から子へと普通に繋いで行けば八十五代くらいになるのかもしれず、一世代が三十年として三十年×八十五代＝二千五百五十年と、日本の歴史二千六百八十一年と極めて近い数字になります。

藤原家のピークは藤原道長の時代で、このときに道長が自分が天皇になろうと思えばなれるくらいの権勢がありました。

が、そうしなかったのは「自分の先祖が天皇家につき従ってやってきた」という意識が強かったためだと言われています。

藤原氏の先祖のアメノコヤネ命は、天照大神の孫のニニギ命のお供として、この国に降り立ったからです。

このときにニニギ命は、天照大神から三種の神器と稲の穂を託されています。

天皇家は、その三種の神器を引き継いでいく家系であるというのが、一番シンプルな考え方かもしれません。

《式年遷宮》

平成二十五年（西暦二〇一三年）に伊勢神宮と出雲大社とで式年遷宮《しきねんせんぐう》がありました。

式年遷宮とは、神社の建物を始め、神社に伝わる神宝や装束などもすべてやりかえる儀式のことです。

伊勢神宮は二十年ごとに執り行われ、出雲大社は六十年ぶりでした。

伊勢神宮と出雲大社の式年遷宮の年が重なったのは、歴史上二回目だそうです。

ラッキーなことに、私は両方の式年遷宮に参加することができました。

出雲大社は五月十日、伊勢神宮は十月二日だったのですが、印象深かったので、いまだにその日付まで覚えているくらいです。

《出雲と伊勢での「神」体験》

出雲大社では、その日、朝から雨模様だったのですが、式の間だけはまったく雨が降らず、司会の人が「これで儀式を終えます」と言った瞬間、大雨が降ってきました。

神社関係の人たちが「あのタイミングで雨が降ったのは、神様が喜ばれている証拠」と話し合っているのを聞きましたが、私も同感です。

伊勢神宮の式年遷宮では、私の席だと何が執り行われているのかがいまひとつよくわからなかったのですが、途中ものすごく気持ちのいいそよ風が吹いたのを感じました。

あとから知ったのですが、それは天照大神が古い社殿から出て来られた瞬間だったそうです。

天照大神を「体感」することができた貴重な体験でした。

《毎月参拝へ》

二〇一三年の十月に伊勢神宮の遷御の儀に参加してから、それ以降、毎月伊勢神宮に参拝しています。

早朝の御垣内参拝（正式参拝）は朝七時ごろからさせていただけるので、そのために伊勢で一泊します。

正式参拝は一人で勝手にするのではなく、神職に従って行います。

私も中小企業の経営者なので「参拝だけに毎月二日間も使っていていいのだろうか？その分、仕事をしているほうがいいのではないか？」という疑問（不安）を持っていました。が、八年ほど毎月欠かさず参拝した今から振り返ってみると、その八年の間に明らかに運気が向上していたのがわかります。

《参拝の「効果」》

会社経営などをしていると、定期的にトラブルやクレームや災難がやってくるのは、経営者の方なら誰でも経験していることだと思います。

しかしながら伊勢神宮に毎月参拝に行ってからは、そういった禍事《まがごと》がほとんどやって来なくなったのです。

天照大神の風圧で、悪いものがみんな吹き飛ばされていくような感じがします。

伊勢神宮に参拝を続けている間、たまたまかもしれませんが、何かに導かれるように会社の規模を縮小し、事業をストックビジネスに特化させていきました。

すると業績が安定し、また収益が向上しだしたのです。

私は密かに神宮参拝の効果に違いないと信じています。

フィットネスクラブに一度や二度行っても、体がスリムになることはありません。

が、何年も行き続ければ、次第にカッコいい体型が形成されていくはずです。

参拝だって同じこと。

行き続けているうちに、運気が好転してきたり、事業がうまくいきだしたり、健康になったり、人間関係が調和してきたりするようになると思うのです。

《いつも神様から守られている感覚》

また神様を身近に感じることができるようになり、いつも神様から守られている感覚があります。

そんな感覚が出てくると「神はいるのか、いないのか？」などという不毛の議論は時間のムダのような気がしてきます。

特に神道は、神様と人間との距離が近い宗教のように思います。

私はキリスト教の高校で学びました。

数学や英語と同じように「聖書」の授業も組み込まれており、また興味があったのでよく勉強もしました。

したがって、キリスト教については、平均的な日本人よりも遥（はる）かによく知っているると思います。

また独学で仏教の勉強もしました。仏教哲学は本当に深いと思います。が、今は神道に夢中で、たぶん一生神道を貫いていくはずです。

《神道の特徴》

神道にはキリスト教の聖書や仏教の経文のような経典がありません。

またキリストやブッダのような創始者もいません。

これで宗教として成り立つのかと思うくらい、おおらかでシンプルです。

しかし、少なくとも二千数百年前から連綿と日本人の間で受けつがれてきているのも事実です。

また全国に八万もの神社が現にあります。

それらの神社がキチンと整備されている地域は繁栄し、されていないところは次第に没落していくというのは会社やお店と同じことだと思います。

《神社とお寺の違い》

神社とお寺の違いがイマイチよくわからないという人が、インテリの中でも結構います。

ひと言で言うと、神社は神道、お寺は仏教です。

宗教が違うのです。

仏教が最初日本に持ち込まれたときは、神道側の抵抗があり、仏教側の蘇我氏と神道側の物部氏との戦闘にまで発展しています。

仏教が日本にもたらされたころに疫病が流行り、異国の仏を入れたがために、古来の日本の神々が怒ったと解釈されました。

そのときは仏像を海に捨てるなどして神道派が優勢だったのですが、最終的には蘇我氏や聖徳太子が支持した仏教派が勝利し、結局、神道派の物部氏は滅んでしまいます。

時代はずっと後になるのですが、明治維新では「廃仏毀釈《はいぶつきしゃく》」が唱《とな》えられ、いくつもの寺院が取り潰されました。

これはお寺によって地域を管理しようとした徳川幕府への反動でもあったように思います。

《仏教に帰依する天皇の出現》

天皇というのは神道の最高神官のような存在ですが、その天皇の中からも仏教に帰依する方が出ています。

これは宗教的には驚愕の出来事で、いわばローマ法王がイスラム教に帰依するようなものです。

今では神社もお寺も何の違和感もなく共存し、新年のお参りや七五三など、日本人の生活に馴染《なじ》んでいます。

《キリスト教などは？》

キリスト教信者は日本の人口の一パーセントにも満たないと言われており、イスラム教にいたってはほぼゼロです。

韓国などではキリスト教の力が強いのですが、それと比べると日本は非常に少ないわけです。

仏教の浄土系の教えとキリスト教は「他力」もしくは「全託」といった考え方がよく似ており、先に浄土宗や浄土真宗が浸透しているエリアにはキリスト教は入りにくいからかもしれません。

《堂々と信仰できるありがたさ》

私は伊勢神宮に毎月参拝しているし、そのほかの神社にも車で遠出することがよくあります。まさに神道にハマっているわけですが、これを堂々と公言できるのはありがたい限りです。

仮に、これがどこかの新興宗教だと、何となく胡散《うさん》臭い目で見られる可能性があるのではないでしょうか。

ただし、神社なら手放しでオーケーかというと、ちょっとそうでもないようで、霊感の強い友人によると、自分と相性の良くない神社や、ピンと来ない神社や、何となく行きたくない神社はパスしたほうがいいとのことです。

《八万社ある神社》

神社は全国に八万社もあるので、一生かかっても全部は到底回れません。

したがって、ここはやはり有名な神社や、大きな神社に絞って訪問することがおススメだと思うのです。

神社の中で「神宮」という名前がついているところは、天皇家との関係が深く、社格が高いところです。

また出雲大社や宗像大社のように「大社」がつくところも、大きく立派な神社が多く、訪れる価値は十分あるように思います。

「一の宮」と呼ばれる神社も、その地域で一番格が高く伝統のある神社です。

《「感じる」ことが大切》

神道には経典がないので、神社へ行って「感じる」ことが大切だと思います。

私は自分の体験から、神社へ行くと必ず運気が上がることを知っているのですが、その気になれば誰でも神社に行くことができるし、せっかく日本に生まれたのだから神社に行かないと「損」だと思うのです。

ちょっとスピリチュアルな人が書いた神社ガイドブックによると、神社でゆったりと過ごし、その神社が持つ波動を得て帰るのがいいとのことです。

《祭神》

神社には例外なくご祭神《さいじん》がおられます。

たとえば伊勢神宮なら天照大神（アマテラスおおみかみ）だし、出雲大社なら大国主命（オオクニヌシのみこと）です。

私はいつもご祭神を調べて神社に行きます。

ご祭神の性格によって神社の雰囲気も違ってくるような気がします。

伊勢神宮系の神社は精妙な弦楽器が奏《かな》でられているような感じだし、出雲系だと力強い打楽器が打ち鳴らされているように感じます。

《軍事や「武」の神様》

宗教だからといって、平和で穏やかな側面しかないわけではないのです。

邪悪に打ち勝つ強い力だって必要で、それが証拠に各宗教には軍神と呼ばれる神々が存在します。

キリスト教だって、七大天使のミカエルやウリエルの主な仕事は軍事です。

毘沙門天は上杉謙信が信仰した軍神でもあります。

仏教には四方を守る軍神がいるのですが、毘沙門天《びしゃもんてん》は多聞天《たもんてん》とも呼ばれ、北方を守る役割を担っています（東西南北それぞれの神様の中では一番強いと言われています）。


日本の神々にも少なからざる軍神がおられます。

まずはタケミカヅチの神。

この方は鹿島神宮のご祭神でもあります。

剣豪で史上一番強かったのは塚原卜伝《つかはらぼくでん》ではないかと言われていますが、塚原卜伝は鹿島の神からインスピレーションを得て剣術に開眼しています。

ヒノカグツチというのは火の神様ですが、イザナミがヒノカグツチを産み落としたとき、ホト（子宮）を火傷し、それが元で亡くなってしまいました。

怒ったイザナギは自分の子供であるヒノカグツチの首を刎ね、その刃から滴り落ちる血から生まれたのがタケミカヅチなのです。

ちなみに香取神宮のご祭神のフツヌシの神は、タケミカヅチの神の盟友でもあります。

出雲の国譲りを迫ったときに、天上界からタケミカヅチが派遣され、オオクニヌシの息子であるタケミナカタと戦いました。

タケミナカタは負けて、諏訪湖まで逃げ、今そこに諏訪大社が祀《まつ》られています。

武田信玄も諏訪大社を信仰していました。

ヤマタノオロチを退治したスサノオも、熊襲《くまそ》を征伐したヤマトタケルも当然「武」の神様です。

全国にある八幡神社は、第十五代応神天皇を祀っているのですが、やはり武の神様と言っていいのではないかと思います。

《神道で幸せゲット》

トルストイの言葉に「幸福な家庭はどれも似たように幸福だが、不幸な家庭はそれぞれ〝様々に〟不幸だ」というのがあります。

これは健康にも言えることであって、健康な人は同じように健康なのですが、病気の人には数限りない種類の病名がついています。

幸福や健康というのは神様から与えられたもので、元のコンセプトは同じなのです。神様のほうを向いていれば明るく温かなのに、神様から遠ざかれば遠ざかるほど、変な現象が現れてしまうということなのでしょう。

まるで宗教のようなことを言うではないかということですが、ズバリ神道という宗教から学んだことなのです。

ただし、新興宗教ではなく、私が崇敬する伊勢神宮ひとつとっても二千年前より存在しています。

天照大神が今の場所に鎮座なさった年（つまり伊勢神宮創建の年）も垂仁天皇二十六年とはっきり記録が残っています。

昔は元号がなかったので、最初の頃は「○○天皇○年」という呼び方がされています。

ちなみに最初の元号は大化の改新の「大化」です。

もちろん西暦も入ってきておらず、だいたいが西暦はキリスト生誕からの数え方で、神道とは結びつきません。

我が国の公文書には、西暦は使わず元号を使うというのはそういった理由があるからです。

神道は神と人間との距離が近い宗教で、神社に行けば神様にお会いできるなんて実にラッキーで簡単ではないですか。

神社に参拝するだけでなく、家に神棚を置くとなお結構。

観察していると、神棚を飾った家庭は経済的に繁栄しているだけでなく、家族みんなの仲が良いといった特徴があるようです。

《神武天皇から百二十六代目》

神武天皇は奈良県の柏原で初代天皇として即位し（その場所が橿原神宮）、大和政権を樹立しました。

その後、神武→綏靖→安寧→懿徳→孝昭……と続き、その百二十六代目が（令和の）今上天皇ということになります。

こうしてみると、天皇の権威はどこから来ているかというと「天照大神に連なる直接の子孫」ということに尽きるのではないかと思います。

初代・神武天皇が即位され、たとえば西暦二〇二一年は日本の国ができてから二千六百八十一年目に当たります（西暦に六百六十足せば「皇紀」になります）。

ちなみに、私は天皇のお名前をすべて暗記したのですが、そうすることにより日本史が非常にわかりやすくなりました。

歴史の教科書に名前が出てくる天皇は二十名くらいではないかと思うのですが、その時代に天皇家を中心とした大きな出来事が起こっているわけです。

イザナギ命やアマテラス大神などの神話の時代から、今の天皇までずっと繋がっているのがスゴイところなのです。

《神社は生きている》

いずれにせよ、神話が神話で終わってしまわずに、今なお神話の時代から天皇家が連綿と繋がっているというのは驚異でもあります。

それぞれの神社も「遺産」や「遺物」ではなく、脈々と「生きて」いるのです。

たとえば、ギリシャ神話ではこういったことはあり得ず、神話が単なる物語で終わってしまっているわけです。

ちなみに、伊勢神宮を世界遺産に推挙しようという動きがあったときに、伊勢神宮はこれを拒否したと聞いたことがあります。

なぜなら伊勢神宮は「遺産」ではなく、現在も活動し信仰の対象となっているからです。

《イザナギの禊》

先日、宮崎県の江田神社に行ってきました。

ここに「御池」と呼ばれる池が現存しており、そこはイザナギ命が黄泉の国から逃げ帰って来て、池で禊《みそぎ》をした折に、左目から天照大神が誕生した場所です。

数千年間、唱え続けられてきた祝詞《のりと》に「ツクシのヒムカのタチバナのオドのアワギハラ」という箇所があるのですが、その「住所」が示すドンピシャリの場所に実際に池があることに、とても驚きました。

霊感が鋭い私の友人は、そこへ行ったとき、あまりのパワーに（いい意味で）鳥肌が立ったとのことです。

《神旅（かみたび）》

コロナで海外旅行に行けないのは、今の私にとってはラッキーで、その分、国内の神社巡りができるのでありがたい限りです。

神社は電車だと不便な場所も少なくなく、神社巡りは車を活用しています。

荷物もタップリ積めるし、最近はナビが発達し、本当に便利になりました。

行きたいところへホイホイと行けるのです。

神社巡りは基本一人旅で、私はこれを「神旅（かみたび）」と呼んでいます。

私は兵庫県の宝塚市に住んでいるのですが、奈良や京都への神社へは日帰りで行けます。

中には半日で往復できるところもあります。

神社や歴史の宝庫の関西に生まれたことに感謝しています。

伊勢神宮には日帰り、もしくは一泊二日で行っています。

出雲大社だと一泊二日。

北九州や関東あたりだと二泊三日。

南九州や東北だと、途中で一泊するので、四泊五日の旅になります。

《神道マイスター》

自分の夢や目標を紙に書くと、その実現度が格段に高まります。

成功者を観察していると、多くの人が同じようなことをしているので、人生に勝利する手段としては極めて有効ではないかと思います。

なりたい自分を「四か国語（英語・独語・仏語・日本語）ペラペラの旅人投資家」としていたのですが、これに「神道マイスター」を付け加えることにしました。

マイスター（マイシュター）はドイツ語で「高等技術の修得者」といったニュアンスがあり、社会的にも評価の高い呼び名およびポジションでもあります。

神社マイスターとしては、まずは本を読むことによる圧倒的な知識と、全国の神社を飛び回る行動力と（ついでに経済力も）、また神々を心から崇拝する信仰心を持ちたいと思っています。

またいい意味で、霊的にも深く追求していきたいと思っています。

《神社へ行けば行くほど…》

年齢を重ねるごとに、自分の体のケアをシッカリするようになりました。

「腹八分目」や「タップリ睡眠」など、定番の健康法を実践するようにしているのですが、健康に関する本（健康本と略します）も数多く読むようになりました。

健康本の中には、著者によって正反対のことや、個体差を無視したことが述べられていたりすることがあります。

医者は病気の専門家だが、健康の専門家ではないということもわかりました。

しかしながら健康本を読めば読むほど、実際に健康になっていったのも事実なのです。

同様に自己啓発の本も一冊や二冊読んだところで、あまり変化はないのですが、読み続けているうちに自分が成長していることに気がつきました。

神社参拝も同じで、行き続けていると、あらゆる面で明らかに良くなっていくのがわかります。

伊勢神宮の参拝を続けていると、いつの間にか「いつも神様に守られている」という感覚が身についてきたのですが、これが一種の自信にも繋がり、仕事にも勉強にも大いにプラスになっています。

《霊的エネルギー体》

人間は個性を持ったエネルギー体の一種です。

同じように高次の霊的エネルギー体のことを「神」と呼ぶのかもしれません。

人間は目に見えるエネルギー体ですが、神様は目に見えません（たまに見える人がいますが）。

「見える」、「見えない」の違いはありますが、神羅万象は霊的エネルギー体で満ち溢れているように思います。

たとえば、台風はあれだけのパワーを持っているので、エネルギー体に違いないのですが、台風自体が意思を持っているような気もするのです。

もしそうなら、台風だって意思ある霊的エネルギー体と言っていいのではないでしょうか。

普通の人（私も含む）は「龍」の存在を感じることができませんが、ときたま、龍の形をした雲が空を流れて行くことがあり、スピリチュアルな人によると、あれはまさしく龍が移動している姿だということです。

日本の神様にも「シナツヒコ」と「シナトベ」という夫妻の「風の神様」がおられます。元寇のときに大嵐を巻き起こし、元軍を撤退させた功績により、伊勢神宮では特別な場所にお社《やしろ》が祀られています。

これなどもシナツヒコ命とシナトベ命の指令のもと、多数の龍神が暴れ回って神風を吹かしたのではないかという気がしています。

《神様の得意技》

神様にも得意技があり、役割分担があるようです。

何か願いごとがあって神社に参拝に行くとき、やはりそれの専門の神様のところにお願いに行くほうがいいわけです。

たとえば商売繁盛にはウケノミタマの神（お稲荷さん）や、産業の神様でもある豊受大神（トヨウケのおおみかみ）や、大黒さん（オオクニヌシ）や恵比寿さん（コトシロヌシ）がいいと思われます。

また健康だとスクナヒコ命（のみこと）。

戦《いくさ》や勝負の神様だっておられ、鹿島神宮や香取神宮のように軍神を祀っているところもあります。

智恵や勉強の神様ならオモイノカネ命や、菅原道真を祀った天満宮があります。

結婚や恋愛成就はオオクニヌシにお願いするのがいいかもしれません。

いずれにせよ、願いが叶ったときには必ずお礼参りをすべきで、そうすることにより、その神様とのご縁がますます深まっていくと思うのです。

《神道は日本独自の宗教》

神道はキリスト教や仏教のような世界宗教ではなく、日本独自の宗教です。

ちなみにヒンドゥー教も世界宗教とは言い難く、インド国内のみで信仰されています。

日本神道が日本の宗教なら、キリスト教が入ってくる以前のヨーロッパにも（大きな意味での）神道があったのではないかと思うのです。

アーサー王伝説などは「ケルト神道」の神話と言ってもいいかもしれません。

また音楽家のワーグナーの表現する世界は「ドイツ神道」そのものだと思うのですが、いかがでしょうか？

例外的に海外にも日本神道の神社が祀られており、ハワイには「ヒロ大神宮」、またヨーロッパのサンマリノ共和国の中に「サンマリノ神社」があります（両神社ともご祭神は天照大神）。

《各宗教を漢字で表すと》

キリスト教は一神教で、神道には八百万《やおよろず》の神々がいると言われています。

しかしながら、キリスト教にもミカエルやガブリエルなどの七大天使がいるし、イエス様やマリア様も当然信仰の対象だし、そのほかにも幾多の精霊がいます。

そういった存在を「神」と数えるならば、キリスト教にだって〝やっぱり〟ヤオヨロズの神々がいると言ってもいいのではないでしょうか。

各宗教を漢字一文字で表すならば、キリスト教は「愛」、仏教は「悟」、そして神道は「礼」ではないかと思います。

イスラム教のことはあまりよく知らないのですが、漢字で書くなら「戒」かもしれません。

《「心幹」が鍛えられる》

私にとっての神様の存在は「信じる」とか「信じない」とかいったレベルではなく、常に身近で守ってくださっているという感覚です。

これは伊勢神宮に毎月行き続けているうちに身についたことで、このおかげで何かあっても動じず、ブレることもありません。

体幹を鍛えるといった言葉がありますが、まさに神道によって「心幹」が鍛えられたわけです。

神道というのは実におおらかな宗教で、祝詞《のりと》の中の「素直で、正しい心を持って、誠の道を外れずに、仕事に励み、家運を上げ、健康で、世のため人のために役に立とう」といったことぐらいしか、その教えはないように思います。

《三種の神器》

伊勢神宮の神官として四十年間奉仕した（働いた）人のお話をCDで聴きました。

式年遷宮のときには禰宜《ねぎ》を務めており、そのときに三種の神器の一つである鏡を持つ役割を担《にな》ったとのこと。

「重くて、重くて」というのが、そのときの感想だったそうですが、それを持った瞬間、感激のあまり涙がポロポロ流れ出たとのお話でした。

三種の神器は天照大神が、孫のニニギ命が地上に降りるときに、稲穂とともに与えたものです。

三種の神器は代々の天皇によって引き継がれています。

逆に三種の神器の保持によって、正当な天皇と認められてきたわけです。

三種の神器は、少なくとも二千年以上引き継がれてきたものなので、もうそれだけでも超・貴重品です。

しかも単なる物体ではなく、神の息吹が入っているわけで、感動せずにはおられないというのは容易に推測できます。

三種の神器のうち、鏡は伊勢神宮に、剣は熱田神宮に、そして勾玉《まがたま》は皇居で保存されています。

伊勢神宮で極めて重要な儀式が行われるときは、剣も勾玉も伊勢神宮に運ばれ、三種の神器がそろいます。

伊勢神宮で行われる最も重要な儀式は式年遷宮です。

二十年に一度行われる式年遷宮には多額の費用がかかり、前回だと五百五十億円。

また儀式の準備にも計十二年ほどかかるのです。

これだけの費用と年数をかける儀式は、世界広しといえども〝そうそう〟あるものではないと思います。

《霊能力にとらわれない》

神社は史跡や観光地とは違い、神様と対面する場所でもあります。

スピリチュアルな所であることには間違いがありません。

私自身には霊感や霊能力のようなものはないのですが、そういったものは（世の中には）当然にあると思っています。

科学が発達すると「この世的にちょっと不思議なこと」が影を潜めていくようですが、平安時代あたりだと陰陽師が普通に活躍していました。

一番有名なのは安倍晴明《あべのせいめい》ではないかと思うのですが、その霊能力は抜きんでており、平安京に結界を張る仕事を国から依頼されて行ったりしています。

高野山の修行僧などでも（修行の途中で）念の力だけで机を動かすことができたりすることがあるそうです。

が、そういったものは無視していかないと、逆に修行の妨げになるそうです。

ちなみに霊能力と電気的な機能はよく似ているようで、スイッチが勝手にONやOFFになったり、ラジオやデジカメが壊れたりする現象は（霊感が鋭い）特定の人によく起こるようです。

ある人が体験した霊現象を「あれやこれや」と（うれしそうに）書いている本を読みました。この世的に不思議なことでも「そんなこともあるだろう」と思っている私から見れば、霊現象など別にどうってことはなく、「今日はこんな所へ行きました」とか「こんなものを食べました」とかの記述と同じで、大して意味はないと思うのです。

霊能力と心の修業とは別物で、そこを勘違いしていては極めて危険なのです。

ある霊能力に優れた女性が、神仏との会話を書いている本を読みました。が、結局、その人の心のレベル以上の霊とは話ができず、神仏との会話のはずなのに、内容が随分と「俗っぽい」と感じたことがありました。

霊能力が優れているなどと喜んでいると、実際は動物霊あたりに憑依《ひょうい》されていることだってあるのです。

お釈迦さんには「遠くが見える」や「相手の心が読める」や「未来を見通せる」などの

六大通力（霊能力）がありましたが、その中で最高のものが「漏尽通力《ろうじんつうりき》」で、それは「霊能力を隠してしまう」力なのです。

最初から霊能力がないのは、案外、とても幸せなことなのかもしれません。

霊能力なんて、あの世へ行けば「霊」ばかりなのだから、この世で関わる必要はなく、この世はこの世でできる心の修行をやっていくべきだと思うのです。

たとえば私であれば、ビジネスパーソンとして、父親として、夫として、社会人として、いかに立派に生きていくかが大事であって、霊能力が優れているなどというのは「走るのが速い」とか「歌がうまい」程度のことだと思っています。

何よりも霊能力と人格は全く別物で、ここを勘違いしてはダメだし具合が悪いのです。

《「感じる」ことに専念する神旅》

神社へ行くときは車を利用しています。

何泊もする遠出の場合は荷物をいっぱい積めるし、今はナビがあるので知らない場所でも簡単に行くことができます。

経営や経済や歴史や語学のＣＤもタップリと積んでいき、「車勉」と称して、また本とは違う勉強をしています。

神社に関する本を読んでいて「ここは行きたい」と思った神社をリストに入れ、それをもとに「神旅《たび》」を計画しています。

有名な神社や人気のある神社がほとんどで、山の中にポツンとあるような小さな神社は、さすがに入っていません。

お寺も「高野山」や「法隆寺」や「長谷寺」（奈良県）や「室生寺」（奈良県）や「唐招提寺」や、あるいは「中尊寺」（岩手県）など、魅力のあるところをピックアップしているのですが、神社のほうが優先で、お寺はまだまだ先になりそうです。

移動に車を使うようになってから、随分とフットワークが良くなりました。

神社は結構不便なところが多く、電車やバスを乗り継いでいては、時間効率がとても悪いのです。

いろんな神社を訪問すると、そのパワーに圧倒されるところもあるし、一方（畏《おそ》れながら）ピンと来ないところもあります。

が、最初の鳥居をくぐった瞬間から、明らかに空気や波動が違っているのがわかった経験は何度もしています。

ご祭神に関する知識を事前に持っていると、神社巡りがより楽しくなるのは間違いがありません。

斎藤一人さんの「神社巡りは自分にとってはレジャーだ」というのを読んで「なるほど、そういった感覚もアリなんだ」と納得したことがあります。

もっと気軽に神社にどんどん行こうと思うのです。

神道にはバイブルやコーランのような教義書がなく、神社へ行って「感じる」ことが一番大事だからです。

有名な神社には、やはりそれなりのご神威というのが感じられます。

日本の神様は礼儀や服装に厳しいところがあり、伊勢神宮で正式参拝しようと思ったら、きちんとした礼服やスーツでないと、御垣内《みかきうち》の中にすら入れてもらえません。

逆に大神《おおみわ》神社のようにお山自体がご神体の場合は、長い山道を延々と登っていかねばならず、スーツ姿や革靴では山頂まで持ちません。

奥深い山に鎮座する神社に参拝するときは、どういった服装をしていったらいいのかは今後の私の課題でもあります。


私は関西に住んでいますが、古くからの歴史があるので、自宅から半日コースで行ける「いい神社」も結構たくさんあります。

しかしながら、そういったところも最初から手帳に予定を入れておかないと、忙しさにかまけてなかなか行けないのです。

私は「五年手帳」を活用しているのですが、年間スケジュールにまずは神社巡りの予定を先に入れてしまうようにしています。

《進歩と調和》

昔、大阪万博があり、そのテーマが「進歩と調和」でした。

誰が考えたのかは知りませんが、正に神道の特徴そのものを言い表しているように思います。

神道最高神の「天御中主神（アメノミナカヌシのかみ）」が進歩や発展を担《にな》い、「天照大神」が調和を導いているといった側面があります。

神道はシンプルで、小難しいことは何もありません。

神社へ行って、神様と波長を合わして帰って来るだけです。

「二礼・二拍手・一礼」といった作法があるだけで、それだけでどこの神社でも通用してしまいます（出雲大社は四拍手ですが）。

食のタブーもなく、お酒を神棚にお供《そな》えするなんて宗教は他にはないのではないでしょうか。

《神道と掃除》

仏教でもそうかもしれませんが、神道では掃除が重要です。

服装も大事です。

心が乱れると、服装が乱れてきます。

逆に服装を整えると心が整います。

同じように、心が乱れると家の中や車の中が乱雑になってきます。

整った心でも、乱雑な空間の中にいると、やっぱり乱れてくるのです。

反対にキレイな空間には、乱れた心の人は入ってきにくいのです。

茶道は決められた手順で茶碗や道具を動かしていきます。お手前《てまえ》では、それらを置く場所もキチンと決まっていて、勝手に変えることは許されません。

知人で学生時代に茶道部だった人（男性）がいます。

「若気の至り」で、千利休以来の定型化した茶道を変えてみようと、いろいろと試行錯誤したのですが、結局、決まったとおりに道具を動かしたり、置いたりしていくのが、一番合理的だったそうです。

というか、決まった場所に決まった物を置くしか方法がなかったとのこと。

《もう少し掃除の話を》

掃除をすると、いい空間ができ、運気が上昇します。

バブルが崩壊し、我が人生最悪だった三十八歳のときに、鍵山秀三郎先生と出会い、それから三十年間、掃除をし続けてきました。

鍵山流掃除は十分や二十分で終わるようなものではなく、二時間くらいかかります。

掃除の心境も様々に変化してきたのですが、今は「掃除は神事だ」に落ち着いています。

片づけとも関係があるのですが、床にモノが置かれている率が低いほど、富裕層になる確率が高くなります。

要は床に極力モノを置かないというのが正解です。

玄関をキレイにしておかないと、福の神が入ってきてくれません。

不思議なことに、トイレを磨くとお金持ちになります。
今までも何となくそんな気がしていたのですが、トイレの神様は実は「財の神様」だということを最近うすうす感じるようになりました。

電化製品などのリユース（中古を買い取り、手を入れ再販）を手掛ける会社の人の本を読みました。

個人のお宅だけでなく、ときたま閉店や移転するお店にも商品を引き取りに行くことがあるそうです。

ダメになって閉店する店には共通点があり、ひと言で言うと「掃除が行き届いていない」に尽きるそうです。

それに対して、繁盛し、もっと大きな店や便利なところに移転するお店は、間違いなくキレイに手入れされているとのこと。

偉大な経営コンサルタントの一倉定先生は口を酸っぱくして環境整備（整理・整頓・清掃）のことを述べておられたのですが、掃除は経営の基本中の基本ということなのでしょう。

個人納税額日本一の斎藤一人さんも「掃除は神事」だと喝破しています。斎藤一人さんいわく「『ホコリで死ぬことはない』と言う人がいるが、いやそんなことはない『死ぬんだ』」そうです。

ハンマー投げ選手の室伏広治《むろふしこうじ》さんの本を読むと、どうしても記録が伸びなかったのに、ハンマーを丁寧《ていねい》に磨いていくことを始めたら、また伸びだしたとのこと。その磨き方も半端ではなく「どう磨けばハンマーが一番喜ぶか」を考えて行ったそうです。イチロー選手が道具を大切にするのは有名です。

身の回りのものを大事に扱ったり、場を清めたりするのは「神宿る」ための行為なのかもしれません。

神道を理解するには、まずは掃除から入っていくのが一番手っ取り早いと言っても過言ではないようです。

《神道パワー》

神社にお参りに行くと、本来の自分に戻ることができます。

余計な見栄やムリや奢《おご》りを、ケガレとともに払えてしまえます。

本来の自分に戻れば、人は勝手に幸せになるようにできているようです。


仕事でも、本当に自分が得意なことや好きなことを深掘りしていけばいいのに、つい余計なことをしてしまいがちです。

神道は実にシンプルです。

そのシンプルさに自分も合わせていけばいいだけです。

シンプルライフは「しあわせライフ」でもあります。

世の中には不思議なことに、貧乏になるようになるように行動している人がいるのです。

また、もう少しで成功しそうなのに、必ず失敗しようとする人がいます。

こういう場合は、実は潜在意識の中で成功することを恐れて、失敗してホッとしているわけです。

こんなのは素直な心とは言えません。

神社は、そういった知らず知らずのうちに身につけた、間違った潜在意識を打ち払ってくれます。

神社には独特の波動があります。

神様の波動を会得し、神様のパワーを得られれば、成功し、繁栄するしかないのです。

《神道の伝道者》

「なりたい自分」にふさわしい服装をすると、その服装が「なりたい自分」に引き上げてくれる」ということを本で学びました。

その著者は女性だったのですが、フィーを払って服のコーディネートを頼みました。

指定された場所は伊勢丹新宿店だったのですが、服をアレコレ探す前にコーヒーショップで、まずは「なりたい自分」は何かをディスカッションしました。

一時間半ほどかかり、出てきたコンセプトが「豊かな人生の伝道者」でありました。

「豊かな人生の伝道者」であるからには、自らもリッチになるべきであります。


目指すは「幸せなお金持ち」。

お金持ちでも不幸な人はいっぱいいるのです。

たとえば「相続」など、タダで財産がもらえるのだから、本来は超ラッキーなはずが、相続を機に家族がバラバラになり、不幸になってしまうことが少なくありません。

しかも資産が入って豊かになるはずなのに、結局貧乏になる人だっているのです。

やっぱり何か間違っているわけです。

「豊かな人生」の根本を支えるものは何かを考えたとき、私の場合、それは神道だということに気がつきました。

ならば、自分の人生のコンセプトを「神道の伝道者」と規定してもいいのではないかと考えたのです。

神道には〝ややこしい〟規定など何もありません。

神社に参拝し、できれば家庭や職場で神棚をお祀りするだけでいいのです。

たったそれだけのことをするだけで、物心ともに豊かになっていきます。

人間関係だってよくなるし、健康にもなります。

私自身が体験した(奇跡のような)神道のスゴさを、できるだけ多くの人に知ってもらいたいというのが、この本を書くモチベーションになっています。

第三章

そうだ、神社、行こう！

《そうだ、神社、行こう！》

伊勢神宮へ行くときは、どちらか言うと緊張しており、あまりリラックスした感じではありません。

毎回、正式参拝なのでキチンとした服装でお伺いします。

正式参拝である御垣内参拝《みかきうちさんぱい》は「結界《けっかい》」で囲まれた場所に入っていくわけで、心のケガレを持ち込むわけにはいかず、精神的にも霊的にも張りつめたものがあります。

一方、初めて行く神社は、やっぱりワクワクするのです。

神社によっては「ど〜ん」とすべての人を迎え入れる雰囲気を持ったところもあれば、スピリチュアルな透明感があって、生半可な気持ちでは入ることを許さないような「氣《き》」を感じるところもあります。

神社との相性というのも確かにあるように感じます。

私の知人は出雲系の神社に行くと魂がガツンと反応し、それ以外の神社ではさほどピンと来ないようなことを言っていました。

私が感じた各神社の雰囲気は次の通りです。

熱田神宮は何とも言えぬ迫力があり、椿大神社（つばきおおかみやしろ）では深く静かなエネルギーを感じました。

伊弉諾神宮（いざなぎじんぐう）では「国造りの矜持《きょうじ》」のようなものが伝わってきました。

また貴船神社ではピュアな波動を感じたし、大神神社（おおみわじんじゃ）には雄々しいパワーが漲《みなぎ》っていました。

《魅力的な女神様たち》

神道には魅力的な女神様が多いのです。

天照大神は別格として、宗像《むなかた》三女神のタゴリヒメ、タギツヒメ、イチキシマヒメや、富士山の神様であるコノハナサクヤヒメ、天皇家の先祖である豊玉姫や玉依姫、また神功皇后として有名なオキナガタラシヒメなどがおられます。

宗像三女神はスサノオ命の娘で、宗像大社や厳島神社のご祭神です。長女のタゴリヒメはオオクニヌシ命と結婚し、下照姫（シタテルヒメ）を生んでいます。下が明るく照らされるほど美しかったので、そう呼ばれたそうです。私の地元の宝塚市に売布《めふ》神社というのがあるのですが、そこのご祭神が下照姫だったことを、長い間知りませんでした。

ついでに言うと、下照姫は高天原（たかまがはら）から派遣された（超イケメンの）アメノワカヒコと結婚しました。

が、アメノワカヒコは自分の使命を忘れたため、自分が放った矢が戻って来て自分に刺さり、亡くなるという悲劇もありました。

女神の世界は、心の美しさが外面にも表れるので、清楚でキレイな方が多いのですが、(畏《おそ》れながら）唯一美しくなかったのがイワナガヒメ。

天孫降臨のときに木花咲耶姫（コノハナサクヤヒメ）に一目ぼれしたニニギ命は、結婚の申し出をコノハナサクヤヒメの父親であるオオヤマツミ命に行いました。

オオヤマツミ命は、姉のイワナガヒメも一緒にもらってほしいと言ったのですが、ニニギ命は「姉はブチャイクだからいらない」と断ってしまいました。

神様の世界もいろいろな事情があるのですね。

《厄払い》

ある税理士の人が本に書いていたのですが、順風満帆に事業が進んでいる顧問先に「そろそろ災難がやってくる」ということがわかるのだそうです。

私も四十年近く会社経営を行っていますが、不運や災難が定期的にやっていることを、身に染みて感じています。

が、伊勢神宮に参拝に行きだしてからは、そういった不具合の回数が随分減ったように感じ、その体験から、親しい人には神社参拝を自信を持って薦めています。

先ほどの税理士は、自社にもそういった災難が来そうな気がしたとき、先手を打って引っ越しを行い、わざとお金を使い「厄《やく》払い」を行うのだそうです。

個人や企業が神社仏閣や地域に寄付したりするのも、そういった「厄除《やくよ》け払い」の意味があるのかもしれません。

不運や災難は、知らず知らずのうちに自分が呼び込んでいることも少なくないように思います。

『波長同通の法則』というのがあり、ネガティブな考え方や感情を持っていると、ネガティブな現象が起こります。

ポジティブな人にはポジティブな人たちが集まり、ネガティブにはネガティブが寄ってくるというのは、ちょっとまわりを観察すれば、すぐに気がつくことでもあります。


お金を一人で抱え込み、退蔵してしまうのもよくないようです。

お金は世の中に動かしていかないと、空気と同じで澱《よど》んできます。

あるいは、水と一緒で腐ってくるのです。

建物に風通しが必要なように、お金持ちや優良企業にも「金通し」が必要なのかもしれません。

《災難を撃退》

会社経営などをしていると「上り坂・下り坂・まさか」の連続で、息をつく暇がありません。

私には政治家の経験はないのですが、政治家もきっとこういった波が大きく、普通の神経では持たないのではないかと思います。

未体験の災難などが降りかかってくると（自業自得の場合もあるのですが）、「一体この先どうなっていくのだろう？」と不安に慄《おのの》くことも少なくありません。

やはり、そういったときに指針となるのが信仰ではないかと思うのです。

私の場合は神道なのですが、前にも書いたように、伊勢神宮に行きだしてから、災難自体が明らかに減少しました。

自分の奢りや油断が、災難を引き付けている面もあると思うのですが、参拝でケガレを払い、心の歪《ゆが》みを正すと、災難を呼び寄せる原因の傲慢さ自体が消えていきます。

神殿を建て替えたりするために、神社が寄付者を募ることがありますが、ある神社に掲げられた寄付者リストを見ていると、今活躍している五十代の現役経営者が一千万円を寄付していました。

また別の神社でも、別の経営者（この人もちょっと有名）が一千万円を寄付していました。「あっ、なんだ、皆そうやって神様から守ってもらっているんだ」と、いたく納得した覚えがあります。

日本の神様は鷹揚だし、神道にもあまり細かい規律はないのですが、ただ神様を敬《うやま》う素直な気持ちだけは非常に大切です。

《神社でのご祈祷》

もし「神社を十倍楽しむ法」なんていうのがあるとすれば、参拝の折、ご祈祷《きとう》をお願いしたり、神社に多少の寄付をしたりすることではないかと思います。

本当に全然違うのです。

貴船神社でのご祈祷で、神職が太鼓を打ち鳴らしたとき、聞いていると龍が天に昇っていくイメージが湧き、ひょっとしたら貴船神社のご祭神は龍神ではないかと推測しました。

椿大神社のときの太鼓は、ご祭神の猿田彦命（サルタヒコのみこと）が「ドシン、ドシン」と歩いておられるような感じがしました。

伊勢神宮の真骨頂は早朝の御垣内参拝に尽きると思いますが、受付で多少のお金を納めると、御垣内参拝ができます。

ここで納めた金額は、半年以内に十倍になって帰って来るという経験則があるので、ケチらずに、できるだけドンと納めたほうがいいように、私自身は思っています。

伊勢神宮はそもそも天皇陛下しか参拝を許されなかった別格の神社でもあります。

そんなところに行けること自体が奇跡のようなものです。

黒住教を創設した黒住宗忠でも、あれだけ天照大神（アマテラスおおみかみ）への崇敬の気持ちがありながら、生涯四回か五回しか伊勢神宮に参拝に行けていません。

江戸時代、岡山から伊勢までは交通機関の問題もあり、そうそう何回も行けたものではなかったのでしょう。

たとえ今の時代に生まれたとしても、そもそも神縁がなければ行けないし、健康的にも、時間的にも、経済的にも恵まれていなければ、毎月神宮参拝に行けるなんてことはあり得ないわけです。

自分だけでなく、家族の誰かのカラダの具合が悪ければ〝やはり〟行けないし、大災害が起こっても行けません。

つまり参拝できること自体「超・ラッキー」だということです。

この「超・ラッキー」のお返しは、自分をいつも上機嫌にし、まわりの人たちをも快活にしていくことではないかと思っています。

《好きな神社》

私には霊感はないのですが、神社参拝をしていると、ごくごくたまにインスピレーションを得ることがあります。

それらの啓示により、人生や経営の方向性がハッキリとわかった経験が、私自身にもあります。

「神社に行こう」と思うこと自体が何らかの神縁で、やはり神様に導かれているのではないかと思います。

キリスト教の教会と神社仏閣の違いがわからない人は、まずいないと思いますが、神社とお寺がこんがらがっている人はいます。

お寺にもいろいろな宗派があり、たとえば禅宗系と念仏系とでは教えの内容がだいぶ違ってきます。

私は仏教は独学で勉強したのですが、そのお寺がどの宗派に属しているのかについては敏感です。

神道には表立った宗派はないのですが、それぞれの神社には必ず「ご祭神」である神様が祀《まつ》られています。

ご祭神によって、神社の特徴や雰囲気が少し違ってくることはあります。

神様にも得意技があり、縁結びの神様もおられれば、勝負運の神様もおられます。いろいろな神社を訪れている間に、次第に自分が好きな神社がわかってくるようです。

《神様からのメッセージ》

私の手帳は「五年手帳」なので、随分と先の予定も入れていくことができます。参拝予定などもホイホイと書いていくのですが、あとで重要そうな用事や会合が入って来ることはあることがあっても、一度入れた参拝予定は極力変更しないようにしています。神様とお約束しているのに、こちらの都合で勝手に変えるわけにはいかないという気がするからです。

人間の小賢しい頭で、どちらの用事のほうが重要かなどということは、そんなにわかるものではないと思うのです。

私の今までの経験でも、結局流れに沿ってやっていったのが一番良かったように思いま

郵便はがき

恐れ入りますが
切手を貼って
お出しください

112-0005

東京都文京区水道2-11-5

アスカ・エフ・プロダクツ行

Closer Publishing ～出版をより身近に～

明日香出版社グループ

アスカ・エフ・プロダクツ

〒112-0005 東京都文京区水道2-11-5

☎03-5395-7660 FAX 03-5395-7654

https://asuka-f.co.jp

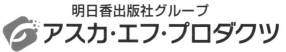

す。

一見、自分に不利に見えることであっても、神様がそちらのほうを勧めておられることがあります。

私の本業は不動産業ですが、不動産の購入などは額も大きいし、物凄い決断力が必要です。が、そんなときでも流れに従うようにしています。

不動産の取引などでは、最初に躓《つまづ》くものは、最後までモメることが多いのです。逆にうまくいくものは、最初から最後までスムーズに進んで行きます。

そういうときは、その不動産取引に関わる人がみんな良い人というケースが多いのです。たとえば、狙っていた物件が買えなかった場合でも、それには何か意味があり、執着を持たずに、それはそれで気持ちを切り替えてやっていけばいいように思います。

不動産だってご縁です。

自分が持てる物件は、実は最初から決まっているような気がするのです。それ以外のものを強引に取得しようとするからおかしくなるのです。

たとえばバブルのときに、自分の器以上の物件を抱えた人が、そのあと転落していった姿をいくつも見てきました。

心を澄まして「やめておきなさい」という神様からのメッセージを見逃してはいけないと思うのです。

《神様に全託》

予想外のことが起こったときや、一見自分にとって不利なことが眼前に展開したとき、私はそれをいったんは冷静に受け止めるようにしています。

「神様はどういうご意向なのだろう？」とか「これは何を意味しているのだろう？」と考えるわけです。

自分の考え及ばないことが、そこにはあるのかもしれません。

そう考えると、怒ったり、焦ったりすることが少なくなります。

昔、ジャンボ機が山にぶつかり、大勢の人が亡くなった大事故がありました。

本来、その飛行機に乗って東京から大阪に帰るべきだったのに、何かの都合でそれに乗らなかった（乗れなかった）という人を、私は直接に四人も知っています。

明石家さんまさんを入れると五人です。

中には、ビールを飲み過ぎて乗り遅れた人もいます。

私も経験がありますが、飛行機に乗り遅れると、凄いショックを受けます。

が、それに乗っていたら間違いなく事故に遭っていたわけで、乗れなかったことが超ラッキーだったわけです。

これは極端な例かもしれませんが、それに似た小さな出来事は、普段の生活の中でも随分とあると思うのです。

「人生万事塞翁が馬」という言葉もあるじゃないですか。

一見不利なことが実は凄く有利なことに繋がっているとか、一見安楽そうな道の先にはドツボが待ち受けているとかいったことがあるかもしれないのです。

生きていくには知恵が不可欠だし、ど～んと構える鷹揚さも必要です。

人生は短いのだから、いちいちメゲたり、イラついたりしていては時間がモッタイないのです。

やるべきことを淡々とやっていくのみです。

と、これらのことも神社巡りをしている間に浮かんだことです。

《神様のファンになる》

福岡の香椎宮や筥崎宮へ行ったとき、すっかりご祭神の神功皇后のファンになって帰ってきました。

私には霊感はないし、別に（神社でスピリチュアル的に）神功皇后にお会いしたわけでもないのですが、今後は神功皇后の「おっかけ」をしようと思ったくらい、何となく通じるものがありました。

神功皇后、別の名をオキナガタラシヒメと言いますが、波長がピッタリと合った気がしました。

《神社に行くことができる幸運》

神社によっては「神様から呼ばれないと辿《たど》り着けない」というところもあるようです。

有名なところでは奈良県の「天河大辨財天」や「玉置《たまき》神社」などです。

ナビがおかしくなって道に迷ったりしたり、天候が悪くなったりして、本当に行けないことがあるとのことです。

逆に神様に歓迎されているなと感じることもあります。

天気などはその最たるものです。

神社に行くときに天気がいいと。もうそれだけでハッピーになります。

《神話は史実》

古事記や日本書紀で神様の物語や、系図を知ることができるので、とても助かります。

神話は想像上の夢物語などでは決してなく、多少デフォルメされたところや、あやふやなところはあるかもしれませんが、基本的にはすべて事実が書かれているように思います。たとえば、天照大神から六代目の子孫が初代の神武天皇なのですが、すべて系図もあり、その配偶者もわかっており、神社も二千数百年間連綿と続いており、これらを全部否定するほうが難しいと思うのです。

第四章

みるみる運気が上がってくる〝神旅〟

――南九州への神旅――

《天照大神の誕生》

イザナギ命が黄泉の国から逃げ帰り、池で禊《みそぎ》をしました。

そのとき、左目を洗ったときに生まれたのが天照大神（アマテラスおおみかみ）です。

少なくとも二千数百年前から連綿と唱《とな》え続けられている祝詞《のりと》に、その場所が示されているのです。

「ツクシのヒムカのタチバナのオドのアワギハラ」という住所なのですが、宮崎県の江田神社に行ったおり、まさにそのドンピシャリの所に池が現存しており、心底ビックリしました。

まさに神話は事実だと思いました。

左下の写真がその「御池」です。

イザナギ命が黄泉の国から必死で逃げ帰り、今の宮崎県で池に入って禊をしたとき、左目から天照大神が生まれ、右目からツクヨミ命が、また鼻からスサノオ命が誕生します。

この三柱は「三貴神」と呼ばれ、中でも天照大神は日本最高の神様と崇《あが》められています。

天照大神は決してイザナギ命の最初の子ではなく、数十番目の子供なのに、どうして一番エライ神様なのかはよくわかりません。

天照大神は、イザナギ命と南九州の地元の女性との間の子供であって（畏《おそ》れながら）イザナミ命の娘ではないように感じます。

《天照大神の兄弟》

ツクヨミ命という神様も、古事記などに記述があるのはこの場面だけで、あとは一切出てきません。

江田神社近くの御池

ツクヨミ命は男の神様だと思われていますが、西洋の月の女神アルテミスと同じ霊的生命体だという説もあり、そうすると女神ということになります。

いずれにせよ、天照大神（太陽の神様）とは仲が良くなく、それが証拠に太陽と月とは同じ時間帯に出ないのです。

《悪ガキだったスサノオ命》

古事記や日本書紀の神々を現代人の眼から見たとき「そんなムチャして大丈夫？」といったことがたくさん書かれています。

たとえば、スサノオ命（スサノオのみこと）が小さかったころ、父親のイザナギ命から命ぜられたことを何もせず、泣いてばかりいました。

神々が集《つど》う高天原（たかまがはら）では悪さばかりして、最初は擁護していた天照大神も、スサノオ命のイタズラで女神の一人が亡くなるに至り、堪忍袋《かんにんぶくろ》の緒が切れて、岩穴に隠れてしまいました。

天照大神は太陽の神なので、天照大神が姿を隠すと、世は真っ暗になって、次第に荒《すさ》んできました。

そこでオモイノカネ命が知恵を絞り、天照大神を岩穴から呼び戻すための作戦を練りました。

岩穴の外でドンチャン騒ぎをし、輿に乗ってアメノウズメ命という女神がストリップさながらの踊りを披露すると、神々がどっと大笑いしました。

岩穴の中にいた天照大神が「何事か？」とそっと岩戸を開けてみると、そこには〝まばゆい〟ばかりの女神の姿が見えました。

実は神々の一人が鏡を出して、天照大神自身の姿をお見せしたのです。

天照大神が一瞬ひるんだ瞬間を見逃さず、力自慢のアメノタジカラオ命がその岩戸を力任せに開きました。

勢い余ってその岩戸が落ちた場所が長野県の戸隠《とがくし》神社です。

高天原を追放されたスサノオ命は、出雲でヤマタノオロチを退治し、悪ガキから一躍英雄になりました。

そのときヤマタノオロチの尾から出てきたのが天叢雲剣（アメノムラクモのつるぎ）で、それが天皇家に代々伝わる三種の神器の一つになりました。

《三種の神器の剣》

ヤマタノオロチの尻尾から出てきた剣は、ヤマタノオロチに戦いを挑んで敗れた武人が使っていた剣ではないかと推測されます。

ならば、むしろスサノオ命がヤマタノオロチを打ち倒したときの剣が、三種の神器になってもいいような気がしますが、この辺の事情はよくわかりません。

ついでに書くと、日本武尊（ヤマトタケルのみこと）が熊襲《くまそ》征伐に向かうときに、叔母である倭姫（ヤマトヒメ）から、この天叢雲剣を授かりました。

関東での戦いのときにこの剣で草を薙ぎ、ピンチを脱したことから、別名「草薙剣（クサナギのつるぎ）」とも呼ばれています。

草薙剣を妻のミヤギヒメに託したあと、ヤマトタケル命は伊吹山で亡くなってしまいます。

尾張出身のミヤギヒメは、その剣を熱田神宮に奉納し、それが今なお三種の神器の一つとして熱田神宮に保管されているというわけです。

熱田神宮のご祭神は草薙剣ですが、熱田大神（あつたのおおかみ）とも呼ばれています。

唐が強い勢力を持ち、下手すると日本に攻めてくる可能性がありました。

実際、白村江の戦いで「日本・百済《くだら》連合軍」は「唐・新羅《しらぎ》連合軍」に完敗しています。

唐の勢いを削《そ》ぐため、熱田大神が楊貴妃《ようきひ》として生まれ変わり、玄宗《げんそう》につきそい「傾国の美女」として、その使命を果たしたという話があります。

奇想天外な話ですが、熱田神宮に公式な言い伝えとして残っているのです。

《天照大神からの系譜》

天照大神の系譜を追ってみたいと思います。

天照大神には五人の息子さんがおり、そのご長男が「マサカツ・アカツ・カチハヤヒ・アメノオシホミミのみこと」という長いお名前で、ついでに言うと、私はこの名前を覚えるのに三年かかりました。

略して「オシホミミ」命は、自らは地上界には降り立たず、天照大神から託された三種の神器と稲の穂を持って、この地上に降りて来たのは、オシホミミ命の息子のニニギ命です。

余談ながら、稲作は大陸から来たように思われていますが、それは逆で、日本から朝鮮半島や中国大陸に渡ったようなのです。

《ニニギ命》

ニニギ命は天照大神の孫にあたるわけですが、このお名前が「アメニキシ・クニニキシ・アマツ・ヒコヒコホノニニギのみこと」と言います（これも長い！）。

略して「ニニギ」命ですが、鹿児島県の霧島神宮という立派な神社で祀られています。

その「ニニギ」命が地上界に降りてきたときに、一目ぼれした女性が「コノハナサクヤひめ」であります。

コノハナサクヤひめは富士山の神様としても有名です。

《ヒコホホデミ命》

二人の間には（神様の場合「二柱」と数えるのですが）三つ子が生まれ、その一番下の子が山幸彦。

またの名前を「ホオリ」命、もしくは「ヒコホホデミ」命と言います。

正式名は「アマツ・ヒダカ・ヒコホホデミのみこと」。

鹿児島神宮のご祭神でもあります。

山幸彦が（なくした針を求めて）竜宮界へ行ったところ、豊玉姫にこれまた一目ぼれしました。

二人は結婚し、「ヒコナギサタケ・ウガヤフキアエズのみこと」が誕生しました。

《青島神社》

ニニギ命とコノハナサクヤ姫が、三人の子供たちとこの海岸で遊んでいる像です。
最初、青島神社の場所がわからなかったのですが、文字通り青島という島にあるようです。駐車場から十五分ほど歩きました。

神社は山の中が多いのですが、ここは海の神社です。
山幸彦が竜宮界から戻ってきた場所と言われています。

ニニギ命（右）とコノハナサクヤ姫（左）と三人の子供たち

神社は山の中が多いのですが…

のんびり、くつろぐ雰囲気です。

しばらく歩くと鳥居が見えてきました。

青島神社の本殿

《鵜戸神宮》

・ウガヤフキアエズ命

鵜戸《うど》神宮のご祭神がウガヤフキアエズ命です。

「ウガヤフキアエズ」命は豊玉姫の妹の玉依姫と結婚し、四人の男の子が生まれます。

その一番末っ子が初代・神武天皇となるわけです。

神武天皇は「カムヤマト・イワレヒコ」命とも呼ばれますが、宮崎神宮や奈良の橿原《かしはら》神宮のご祭神でもあります。


ウガヤフキアエズ命がお祀りされている鵜戸神宮です。

「神宮」とつくからには、天皇家と深い関係があり、格式の高い神社になります。

が、駐車場に着くと、うっそうとした山道を「徒歩十五分」と書いてありました。

黒の礼服で革靴なので、山道はちょっとキツイのです。

完全に山の雰囲気です。

こんなトンネルも歩いて抜けなければなりません。

やっと神社らしい階段が見えてきました。

これが鵜戸神宮の御門です。

と、思ったらイキナリ「思いっきり海！」でありました。

種田山頭火も鵜戸神宮を訪れているようです。

「鵜しきりに啼いて何を知らせる」の句は見たことがあるような気がしますが、鵜戸神宮で作られていたのですね。

山頭火は形式にとらわれない俳句をいくつも残している俳人です。「分け入っても分け入っても青い山」や、「あの雲が落とした雨にぬれている」など、私も大好きです。

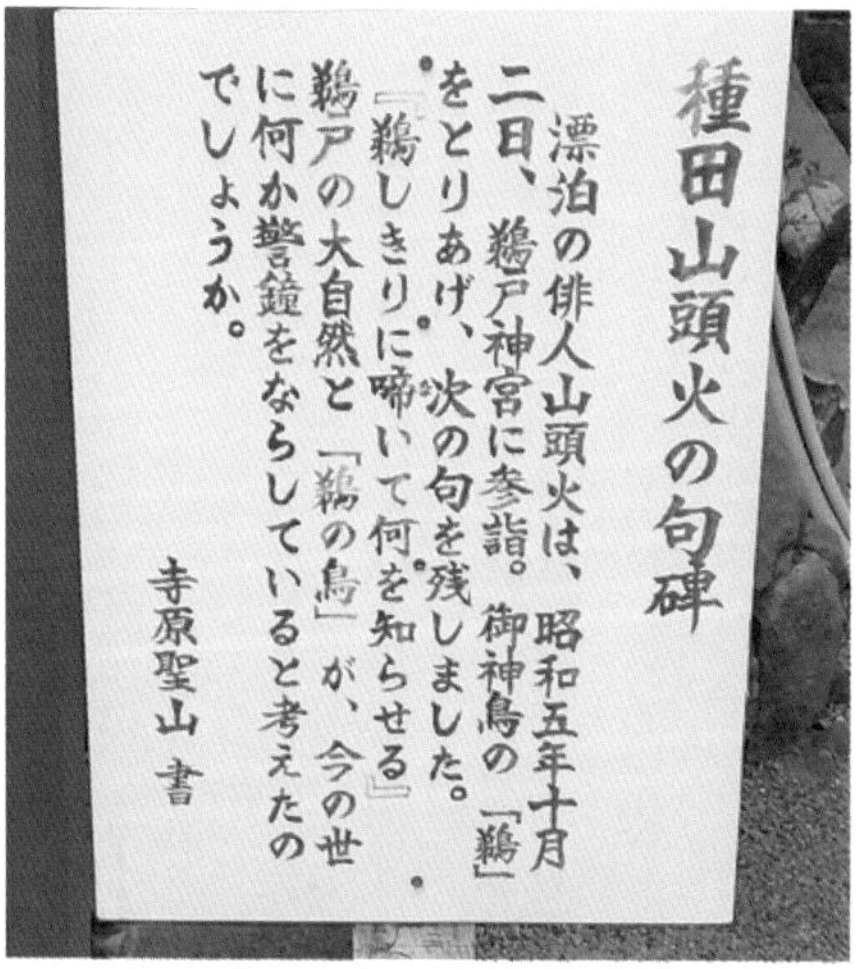
種田山頭火の句碑
漂泊の俳人山頭火は、昭和五年十月
二日、鵜戸神宮に参詣。御神鳥の「鵜」
をとりあげ、次の句を残しました。
『鵜しきりに啼いて何を知らせる』
鵜戸の大自然と「鵜の鳥」が、今の世
に何か警鐘をならしていると考えたの
でしょうか。
寺原聖山 書

山頭火の句碑

洞窟の中にお社がありました。

《霧島神宮》

霧島神宮は天照大神の孫にあたる瓊瓊杵尊（ニニギのみこと）をお祀りしています。「神宮」なので、天皇家との繋がりが深く、格の高い神社ということになります。

ニニギ命とは、天照大神から三種の神器と稲を託され、この地上界に降りました。藤原氏の先祖に当たるアメノコヤネ命も従って一緒に地上界に降臨しました。後世、藤原道長があれだけの権勢を持っていたのに、天皇にとって代わろうとしなかったのは「自分の祖先は天皇家の祖先に従って降りてきた」という意識があったからだと言われています。

神様の正式名は長く難しいのです。

天照大神の長男が「マサカツ・アカツ・カチハヤヒ・アメノ・オシホミミのみこと」という名前で、その子供が「アメニギシ・クニニギシ・アマツ・ヒコヒコホノ・ニニギのみこと」、そしてその子供が「ヒコホホデミのみこと」。

また、その子供が「アマツ・ヒコヒコ・ナギサタケ・ウガヤフキアエズのみこと」で、その子供が「カムヤマト・イワレヒコのみこと」、つまり初代天皇である神武天皇です。

そこから百二十六代目が今の今上《きんじょう》天皇となるわけです。

ちなみに初代・神武天皇から、令和の百二十六代今上天皇まで、全く同じY染色体が引き継がれています。

これが「男系天皇であるべし」の根拠の一つかもしれません。

歴史的に見ても、この二千数百年間、すべて男系天皇のみで引き継がれています。

神々しい雰囲気の中、この階段を上っていきます。

霧島神宮本殿

波動が整った神社は大木を育てます。

《すべては南九州から》

要は天照大神からの三代目、四代目、五代目、六代目の立派な神社が、すべて南九州に存在しており、それぞれをお参りしていると、これらの神々が昔、南九州で生まれ、活躍したことが直感的にわかってきます。

宮崎の海を眺める。

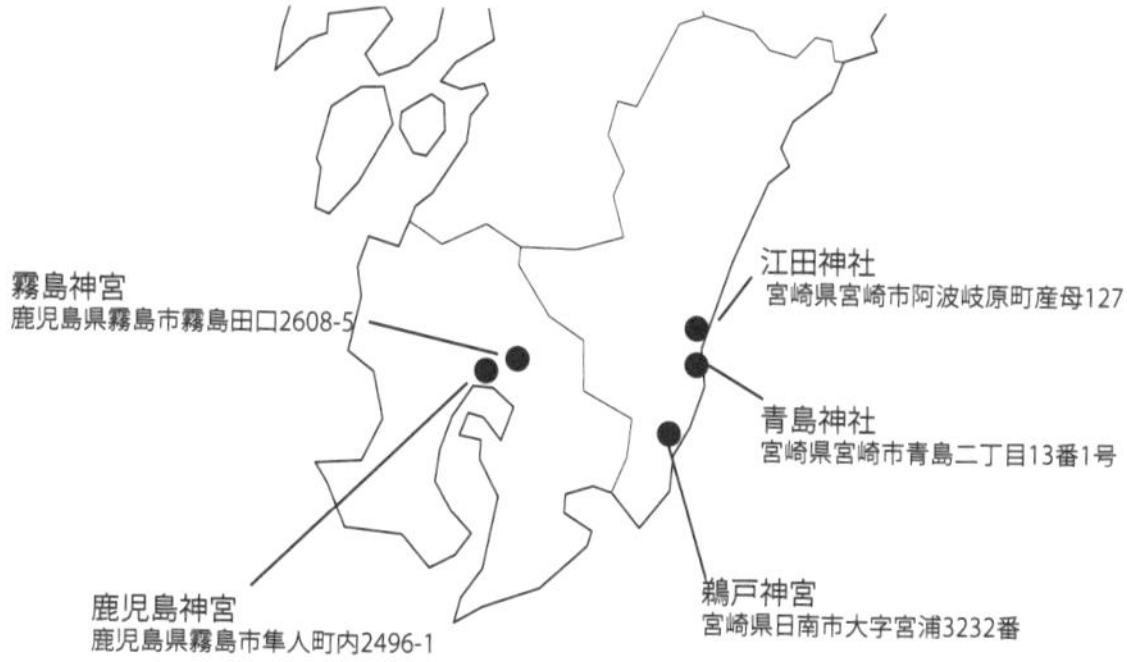

――伊勢への神旅――

《伊勢神宮》

伊勢神宮に毎月参拝に行っているのですが、コロナでだいぶ様相が違ってきました。定宿にしていたホテルが休業したり、正式参拝に時間制限が設けられたりして、私自身も一泊から日帰りへと参拝を変化させました。

コロナの間、早朝の正式参拝ができなくなりました。

正式参拝はそれなりに緊張するのですが、正式参拝をしないと、何か忘れ物をしたような気がします。

伊勢神宮の真骨頂は早朝の正式参拝にあるように思います。

早朝参拝は空気も波動も神秘性も昼間とは全く違い、神宮本来の清々《すがすが》しさを感じ取ることができます。

外宮《げくう》と内宮《ないくう》を参拝すると二時間ぐらい歩き回るので、日帰りのときは、参拝のあと近くのスーパー銭湯のようなところで汗を流してから帰ったりもしています。

伊勢神宮は有名な神社なので、観光客もたくさん訪れます。観光で来る人と正式参拝に来る人とでは、服装自体が全然違っています（正式参拝の場合、基本は黒の礼服）。

また、昼間に神宮に訪れる人と、早朝に来る人とは「客層」がガラリと変わり、早朝の方が圧倒的に雰囲気が良くなります。

いわば、早朝は「信仰」、昼間は「観光」というわけです。

仕事をやっていくうえで、無理しながら自力だけで頑張るよりも、神様のご加護を受けながら自然体で進んでいくほうが、ずっと楽だし、また成果も大きいように感じます。

したがって、毎月の神宮参拝は、私にとっては欠かすことができないものになります。

これが大きな自信に繋がっているのは間違いありません。

伊勢神宮は早朝から参拝できるのですが、開門前はこんな木の柵が置いてあるだけなのですね。

外宮の入り口。最初の鳥居です。
毎回、身が引き締まる思いで、ここをくぐっていきます。

外宮の正宮《しょうぐう》です。

豊受大神（トヨウケのおおみかみ）の和《にぎ》魂《みたま》が祀られています。

早朝から多くの人が訪れています。

豊受大神は千五百年前に、天照大神のご要望により、丹波の国（天橋立方面）からこちらに移られました。

外宮の正宮

次の式年遷宮では、またこちらの敷地に正宮が移ります。二十年ごとに
寸分違わぬ同じ建物を建てていくという発想がスゴイと思います。

豊受大神の荒魂（あらみたま）。活動のエネルギーがいただけます。

下御井神社（しものみいのじんじゃ）。横の小道を入っていく場所にあるので、初めての参拝だと見落とすと思います。

下御井神社

「土の宮」と呼ばれ、外宮の地をもともと支配されていた神様のようです。

他のお社はすべて南を向いていますが、このお社だけ東を向いています。

風の神様

元寇のときの活躍で格が上がり、こちらに祀られるようになったそうです。

内宮に移動しました。

五十鈴川の清流

天照大神への参拝のお取次ぎをお願いするお社だとか。五十鈴川の神様です。

元寇での功績で、別宮に昇格された風の神様。外宮でもお祀りされています。

内宮のご正宮。八万社あると言われる神社の中でも別格中の別格です。

天照大神の荒魂をお祀りしています。早朝など人が少ないので、一人きりで（神様を独占して）たたずむことができるチャンスがあります。

内宮の中にある、外宮への遥拝所（ようはいじょ）。
こんなところがあるなんて、私も長い間知りませんでした。

神宮の周囲をお守りしている神様がおられます。
神様を見下ろす形になるので、粗相をしてはいけません。

何か儀式（ご祈祷）があるので黒白の幕が張られています。
黒白はお葬式ではなく、フォーマルで貴い色なのです。

お賽銭箱も何の表示もありませんが、ここにも神様がおられます。

神楽殿です。伊勢神宮には神楽を担当する専属の人たちがたくさんおられ、
神楽の内容がとても充実しています。おススメです。

次には、大山祇神社（ご祭神オオヤマツミ命）と子安神社
（ご祭神コノハナサクヤ姫）。親子の神様です。

後に、オオヤマツミ命をお祀りする本社とも言うべき、しまなみ海道の大三島にある大山祇神社にも行ってきました。

また木花咲耶姫（コノハナサクヤひめ）の本社とも言うべき、富士山本宮浅間大社にも行ってきました。

他には、天皇陛下が伊勢神宮を訪れたとき、お泊りになるために「行在所《あんざいしょ》」という宿泊施設が神宮内にあります。

また、神職は儀式があると身を清めて過ごさなければならないのですが、そのための「斎館《さいかん》」という宿泊所も設けられています。

サミットで各国首脳が伊勢神宮に足を運んだのですが、そんなときは全国から応援の警察官が呼ばれます。

そういった警備の人たち用の宿泊施設も神宮内に新しくつくられました。

《宇治橋》

伊勢神宮の内宮は約二千年前にできましたが、神宮に入るための宇治橋は約四百年前に初めてつくられました。

宇治橋は内宮にありますが、橋のような構造物は外宮にある工作所が担当しているとのこと。

大工さんも身元保証という意味あいも兼ねて、ほとんどが世襲だそうです。

橋は木造で、二十年ごとに（式年遷宮に合わせて）建て替えられます。

宇治橋

釘は一本も使われていません。

木はすべて新しいものになるのですが、橋の欄干にある擬宝珠《ぎぼし》は、四百年前につくられたときと同じものが使われています。

入口左手二番目の擬宝珠の中には、橋の安全を祈って饗土橋姫（アエドハシヒメ）神社のお札が納められています。

式年遷宮のとき、橋は内宮の建物より四年早くつくり変えられ、そのときに親子三代の家族九十組が橋の渡り初めをします。

次回は二〇二九年十一月三日に行われる予定です。

親子三代が健康で一緒に渡り初めができるなんて最高の幸せであり栄誉だと思います。

擬宝珠

《式年遷宮》

伊勢神宮は全国に八万社ある神社の中でも別格中の別格ですが、二十年に一度執り行われる式年遷宮は、海外でもあまり例を見ない儀式ではないかと思います。

伊勢神宮は二千年の歴史を持っていますが、式年遷宮は千三百年間続けられています。その都度、まったく同じ形の建物を建てるわけで、たぶん二千年前も同じ形をしていたはずで「よくまあ二千年も前に、機械もないのにこんな立派な建物を建てたものだ」と感心してしまいます。

二十年に一度だと、技術の継承も途絶えることはありません。

前回の式年遷宮では五百五十億円の費用がかかり、そのうち二百二十億円が民間からの寄付でまかなわれたそうです。

次回もそれ以上かかる可能性があり、私も多少なりともお役に立ちたいので、せっせとそのための貯金をしているところです。

式年遷宮の案は第四十代天武天皇が定めたものですが、実際に第一回が行われたのは第四十二代持統天皇の時代です(西暦六六〇年)。

戦国時代の百二十年ほどの中断や、太平洋戦争のあとの延期などを除き、およそ千三百年にわたって続けられているのは驚異でもあります。

慶光院清順という臨済宗の尼僧は、戦国時代に荒れ果てた伊勢神宮を立て直すべく、諸国行脚して勧進《かんじん》を行いました。

その功績により、今なお崇敬されています。

神宮会館に置かれた慶光院清順の像。

神宮会館に置かれた慶光院清順の像

《歴史上の人物の神社》

天御中主神（アメノミナカヌシのかみ）や天照大神（アマテラスおおみかみ）などは、最初から神様的存在ですが、この世に生まれて活躍し、死んでから神様になっている方もおられます。

たとえば、楠木正成や吉田松陰は歴史上の人物ですが、今では独自の神社を有する「神様」になっています（それぞれ湊川神社や松陰神社）。

これは神道だけでなく、キリスト教（カトリック）だって亡くなってから聖人になっている人がいるので、同じようなものでしょう。

初代神武天皇以降、百二十六名の天皇がおられますが、特定の天皇を祀った神社があります。

偉大な功績があったり、人徳があったり、戦に勝利した天皇が多いように思います。

初代神武天皇には宮崎神宮や橿原神宮（奈良県）などの立派な神社があります。

十五代応神天皇には宇佐神宮（大分県）があります。

「八幡」系の神社は日本で一番多いのですが、これはすべて応神天皇を祀っています。源氏が奉《たてまつ》っている神社でもあり、基本的には「武」の神様と言えるのではないでしょうか。

大化の改新で有名な天智天皇は近江神宮で祀られていますが、日本各地に支社が広がっているということはないように思います。

平安京を開いた桓武天皇には平安神宮があります。

明治という輝かしい時代の象徴だった明治天皇には、都心に明治神宮という大きな神社がつくられました。

仏教に帰依した天皇には大々的な神社はなく（神社は神道で、宗教が別です）、悲運の天皇を慰めるための神社も、そこ一か所に存在するだけのように思います（たとえば安徳天皇の赤間神宮）。

こうしてみると立派な神社がある「神武天皇」、「応神天皇」、「桓武天皇」、「明治天皇」が、そのまま「偉大な天皇ベスト５」に入られる方ではないかと思われます。

ベスト5と言うからには、もう一人挙げなければならないわけですが、仁徳天皇か天武天皇か聖武天皇かが入ってくるのではないかと考えています。

《神様それぞれの得意技》

神社に願いを祈るとき、経済的に豊かになりたければこの神社とか、健康になりたければこの神社とかいった特徴があります。

中には恋愛成就といった神社もあり、そういったところには、若い女性がたくさん来ています。

要は神様にも得意技があるということなのです。

これは日本の神様に限らず、キリスト教にだって、軍事のことならミカエルとか、医療のことならサリエルとか、通信はガブリエルとかいった役割があります。

私は神社でご祈祷を受ける場合は、いつも「神恩感謝」で申し込み、自分自身のことはほとんどお願いしません。

《倭姫宮》

伊勢神宮にお参りするときは、外宮から内宮に向かうべしと言われていますが、理由はわからなくても、やはりそういった昔からの慣例に従うほうがいいように思います。

伊勢神宮は百二十五の社《やしろ》から成り立っている「総称」ですが、その別宮に倭姫宮（やまとひめのみや）があります。

内宮と外宮のちょうど真ん中にあります。

ヤマトヒメは天照大神の新しい鎮座場所を探しながら、各地を転々と旅しました。

最終的に伊勢を天照大神が気に入られ、そこに落ち着かれ二千年が経ちました。

倭姫宮の最初の鳥居

途中にお宮を建てられたところが「元伊勢」と呼ばれ、二十か所くらい残っています。

ヤマトヒメは景行天皇の妹で、ヤマトタケル命の叔母に当たります。

ヤマトヒメ自身も霊感体質であったことは間違いなく、天照大神からインスピレーションを得ていたようです。

倭姫宮は伊勢神宮のお社の中でも一番新しく、大正時代につくられています。

凄い功績があるのにヤマトヒメの神社がなかったため、地元の住民が中心になって神社を創立しました。

歩くだけでケガレが祓《はら》われていくような、気持ちのいい参道です。

マイナスイオンいっぱいの気持ちのいい参道が続きます。

霊感に優れた知人によると「ここへ来るといつも鳥肌が立つほど感動する」とのことです（ついでに言うと、宮崎県の江田神社の御池でも同じように鳥肌が立ったということです）。

私には霊感はないのですが、とにかくピュアな雰囲気に囲まれ、歩いているだけで心が癒《いや》され浄化されるのがハッキリとわかります。

ヤマトヒメは、ヤマトタケルが熊襲《くまそ》征伐に向かうとき、草薙剣（くさなぎのつるぎ）を託したのはともかく、女性用の着物も一緒に与えています。

今から戦いに行くのに、女性用の着物を渡すなんて、どう考えてもおかしいわけですが、

この階段を昇っていったところに…

これが後に立派に役立つわけで、将来も見通せる目をお持ちだったようです（ヤマトタケルはその着物を着て女性になりすまし、熊襲の首領に近づき殺害しました）。

倭姫のお社も、二十年に一度の式年遷宮で、真横の土地に全く同じ形の建物が建てられます。

倭姫のお社

《瀧原宮》

単に「神宮」というと、それは伊勢神宮のことを指します。

伊勢神宮は神社の中でも別格中の別格ですが、外宮・内宮だけでなく、実は百二十五ものお社の総称なのです。

天照大神の新しく鎮座される場所を見つけるために、ヤマトヒメが各地を探し求め、お宮を建て、それらは元伊勢と呼ばれています。

瀧原宮（たきはらのみや）は神宮の百二十五社の一つで、しかも元伊勢でもあります。

最初の鳥居

理屈抜きで感動し、心が洗われる場所でもあります。

参道にそって川が流れています。

心も頭も体も癒されました。

四つのお宮がありました。
こちらは天照大神の荒魂（あらみたま）のお社です。

天照大神の荒魂のお社

——畿内への日帰り神旅——

《日吉大社》

比叡山のふもとにある日吉大社を訪れました。

ご祭神の数の多さにビックリしました。イザナギ命、イザナミ命、ククリ姫神、オオナムチ神、スサノオ命、菅原道真公、ニニギ命、仲哀天皇、タゴリ姫神、シタテル姫神、コトシロヌシ神、オオヤマクイ神、玉依姫神、サルタヒコ神、オオトシ神、ウカノミタマ神……など伊勢系も出雲系も天津神《あまつかみ》も国津神《くにつかみ》も皆おられます。

日吉大社

比叡山延暦寺にも向かいました。
織田信長の叡山焼き討ちのことを「元亀《げんき》の兵乱」と呼ぶのを、現地に来て知りました。

延暦寺に至る途中から見下ろす琵琶湖と大津市街

《建部大社》

ヤマトタケルをお祀りする神社はいくつかあるのですが、この建部大社《たけべたいしゃ》もそのひとつです。

ヤマトタケルという名前は、たいていの人が知っているのではないかと思います。

古代史の英雄です。

景行天皇の息子ですが、実は双子で、その弟のほうでした。兄がオオウス、弟（ヤマトタケル）はオウスという名前でした。

ある地方に評判の美人の姉妹がおり、その姉妹を連れてくるようにと、天皇が兄のオオウスに命じました。

建部大社

オオウスはあまりの美しさに、その姉妹を自分のものにし、天皇には別の姉妹を差し出しました。

それを知った天皇は弟のオウスに「ねんごろに、さとせ」と命じたのですが、オウスは間違った解釈をし、オオウスを厠《かわや》で待ちぶせし、オオウスを殺してしまったのです。

驚いた天皇は、オウスを遠くへやるために、熊襲《くまそ》征伐を命じました。

そのときオウスはまだ十代のはずです。

伊勢神宮へ立ち寄り、そこで叔母のヤマトヒメから（ヤマタノオロチの尾から出てきた）ムラクモの剣と（なぜか）女性用の衣をもらいました。

ヤマトタケルのお社

後にヤマトタケル命は、その衣を着て女性に扮し、熊襲の宴会に出て、敵の大将を殺したのです。

無事、使命を果たし九州から帰ったヤマトタケル命に景行天皇は、休む間もなく今度は関東へ向かうように命じました。

海の上で大嵐に出会い、そのとき妻のオトタチバナ姫が海に入水し、海の神の怒りを解きます。

ヤマトタケル命がオトタチバナ姫を思い浮かべ、三度「吾妻（あづま）」と叫んだため、東国が東（あづま）と呼ばれるようになりました。

また敵を火で焼き払った場所が、いまなお「焼津《やいづ》」という地名で残っています。

ヤマトタケルの家臣のお社

力任せの豪傑ではなく、智恵のある英雄でもあります。

現代人の我々から見ると「ちょっとズルいのでは？」と思うような策略も使っています。

叔母である倭姫（ヤマトヒメ）から与えられた叢雲剣（ムラクモのツルギ）は草薙剣（クサナギのツルギ）とも呼ばれるのですが、今は三種の神器の一つとして、熱田神宮に奉納されています。

油断したのか、この草薙剣を持たずに伊吹山に登り、山の神に殺されてしまいました。

殺されたヤマトタケル命は白鳥の姿で大和に向かい飛んで行きましたが、霊的に見た場合、そんなこともあったのかもしれません。

同じくヤマトタケルの家臣のお社

ヤマトタケルの父・第十二代景行天皇のお社

ヤマトタケルの妃のお社

ヤマトタケルの家臣の方たちもお祀りされていることを知り、驚きました。名前もハッキリ残っています。ヤマトタケルの物語は史実だと確信しました。

ヤマトタケルの子のお社

《白鬚神社》

猿田彦（サルタヒコ）という神様がおられます。

この方は国津神《くにつかみ》で、いわば土着の神様ですが、三重方面で勢力を持っておられたようです。天照大神が、孫のニニギ命を地上に派遣したときに、道中でお迎えし、道案内をした神様です。

サルタヒコ神は天狗のような顔や様相をしていたので、訝《いぶか》しく思ったニニギ命は、ウズメ命に尋ねに行かせました。

ウズメ命はヒョウキンで踊りの上手な女性の神様です。

天照大神や豊受大神のお社がありました。

ウズメ命を祀った神社には、今でも芸能人がたくさんお参りしています。

後にサルタヒコ神とウズメ命は結婚しています。

天孫降臨の道案内した功績により、猿田彦命は「道ひらき」の神様と呼ばれるようになりました。

人生や仕事などでの新しい展開を導いてくださるわけです。

サルタヒコ神をお祀りした神社には、猿田彦神社や椿大神社（つばきおおかみやしろ）などが有名ですが、白髪神社もそのひとつです。

白鬚神社（しらひげじんじゃ）は、びわ湖の湖畔にあります。

白鬚神社

サルタヒコ神のお社

厳島神社のように水面に鳥居が立っています。

《晴明神社》

晴明神社は、平安時代の陰陽道《おんみょうどう》のスーパースター安倍晴明《あべのせいめい》をお祀りしています。陰陽道というと、私にはちょっと〝おどろおどろしい〟イメージがあり、その大家《たいか》の神社に行くのだから、気を抜いていると「魂を持っていかれる」のではないかと、気を引き締めて参拝に臨みました。

が、境内は意外にものんびりした雰囲気が漂っており、リラックスでき、気持ち良かったのです。

今後も〝ちょくちょく〟お伺いしたい神社のひとつでありました。

昔は今よりもずっと多く、政治や医療や運命好転に、スピリチュアルな技能が活用されており、貴族たちはこぞって腕の良い陰陽師を雇いました。

安倍晴明は、その中でも超トップクラスの陰陽師です。

藤原道長も同時代の人物の一人ですが、安倍晴明にスピリチュアルな面で守ってもらっていたようです。

安倍晴明は京都を結界で守り、魔物が入ってこられないようにしました。

結果、千年間続いた都となりました。

京都の街が空襲に合わなかったのも、その力が残っていたのかもしれません。

安倍晴明の子孫で、陰陽道の流れをくんでいる人の本を読んだことがあります。

安倍晴明には五人の奥さんがいて、各々に家系が続いており、それぞれ得意な陰陽道の技術を継いでいるのだそうです。

鳥居の上に掲げられている「五芒星《ごぼうせい》」のマークには、魔除《よ》けの力があり、安倍晴明のシンボルでもあります。

鳥居の上部中央が、安倍晴明のシンボル「五芒星」

安倍晴明は陰陽道の「超」使い手ですが、怖いイメージはなく、何となく「ひょうきん」で親しみやすい雰囲気がありました。

今なお人気のある神社です。

ストンと正面に本殿があります。

何となくひょうきん

《護王神社》

京都に護王《ごおう》神社という神社があります。

ご祭神は和気清麻呂（わけのきよまろ）。

奈良時代、称徳天皇（女性）の時代に、弓削道鏡（ゆげのどうきょう）から皇室を守った人物です。

道鏡は僧ですが、称徳天皇の病気を治した功により、天皇に近づき次第に権勢をほしいままにし、宇佐八幡の偽信託を掲げ自らが天皇になろうと画策しました。

それが本当に宇佐八幡のご意思かどうかを確かめるために、和気清麻呂が宇佐神宮に派

凛とした雰囲気でした。

遣されることになったわけです。

道鏡は事前に「高い官位を与えるから、よきように計ってもらいたい」と和気清麻呂に言ったのですが、和気清麻呂が持ち帰ったご神託は「道鏡を天皇にしてはならない」というものでした。

怒った道鏡は、和気清麻呂を大隅国(鹿児島県)に流し、しかも途中で殺そうと図りましたが、三百匹ものイノシシが現れ、和気清麻呂を守ったと言われています。

このイノシシというのは 地元の野武士のことではないかと思います。

戦前の拾円札には和気清麻呂とそのシンボルであるイノシシが書かれていました。

この拾円札というのは、かなりの高額紙幣だったようで、珍しく壱拾円札を胸に入れていると「今日は胸が(イノシシの硬い毛で)チクチクする」と言ったそうです。

和気清麻呂の姉の和気広虫も立派な方で、八十数人の孤児たちを育て上げました。

道鏡は清麻呂を「きたなまろ」、姉の広虫を「せまむし」と呼ばせたそうで、こうなるとまるで子供のケンカです。

護王神社の境内は和気清麻呂の人柄と同じような、
清々しい雰囲気が漂っていました。

同じく境内と和気清麻呂の像です。

《伏見稲荷》

私が京都の伏見稲荷に行ったのは、インバウンドの真っ最中のときでした。

参拝に行く日はずっと前から決めていたのですが、当日は快晴。

私の経験や感覚では、参拝の日に晴れになるのは、神様が歓迎してくださっている証拠のようです。


インバウンド中の伏見稲荷は本当に外国人が多く、日本人率は二割から三割程度の感じでした。

しかもアジアからの観光客が多く、白人系

本殿です。外国人ばかりでした。

は少なかったのです。

中国語や韓国語が飛び交っていたのですが、何語かわからない言語も聞こえ、一人一人にどこの国から来たのかを聞いてみたい衝動にかられました。

いつもは神社という聖域で、静かにスピリチュアルなものと触れ合いたいという気持ちが湧いてくるのですが、伏見稲荷は賑わいを神様も一緒になって喜んでおられるように感じました。

伏見稲荷は神社というより観光地といった雰囲気のほうが強かったのです。

近くで着物を着せてくれるお店もあり、外国の人たちが大勢、着物姿で歩いていました。

それはそれで楽しく面白く、大いに場を盛り上げてくれていました。

伏見稲荷のご祭神は「宇迦之御魂神（ウカノミタマのかみ）」ですが、私がお名前を存じ上げない神様のお社も山中にいっぱいありました。

鳥居がずっと続いているので、それにつられて山頂まで歩きましたが、相当ハードでありました。

鳥居がなければ、到底山頂まで辿《たど》り着けなかったと思います。

鳥居が続き、ワクワク感いっぱいです。

坂がきつくなります（ハアハア言いながら登りました）。

《籠神社（真名井神社）》

伊勢神宮・内宮のご祭神は天照大神ですが、正式参拝するときは毎回とても緊張します。一方、外宮の豊受大神（トヨウケのおおみかみ）はいつもニコニコして迎えてくださっているような気がして、外宮の正式参拝のときは少しリラックスしています。

天照大神は最初、宮中にお祀りされていたのですが、あまりにエネルギーが強くなりすぎ、別の場所で独自にお祀りすることになりました。

垂仁天皇の第四皇女であられた倭姫（ヤマトヒメ）が、天照大神のインスピレーションを得て、奈良から様々な場所を転々とされながら、最終的に今の伊勢神宮に落ち着かれたという歴史があります。

それらの場所は「元伊勢」と呼ばれ、今もそれぞれの神社が祀られています。

天照大神や豊受大神がかつておられた元伊勢を「追っかけ」と言っては畏れ多いのですが、一つ一つ回っていきたいと思っています。

千五百年前、天照大神が食事の世話を依頼するため、丹波の国から豊受大神をお呼びされました。

豊受大神の元におられた場所を一度見ておきたいという気持ちがずっとありました。

それは日本海に面した天橋立の近くにあり、「籠《この》神社」の奥宮である「真名井《まない》神社」です。

籠神社に、天照大神と豊受大神が四年間おられましたが、二柱とも伊勢にお移りになられたので、今は彦火明命（ニニギ命の兄神）がご祭神となられています。

奥は豊受大神が舞い降りられた磐座（岩です）もあり、神々《こうごう》しい雰囲気がしました。

最初の鳥居

豊受大神が元々おられた場所がこちら。

ここから伊勢神宮の外宮に移られました。

《大神神社》

奈良県の大神《おおみわ》神社は、日本で一番古い神社とも言われ、山そのものがご神体です。

大神神社は、知る人ぞ知るパワースポットで、最初の鳥居をくぐっただけで空気が変わるのがわかります。

大神神社のご祭神は大物主神（オオモノヌシのかみ）です。

一緒に国づくりをしていたスクナヒコナ命が去って、オオクニヌシ命が困っていたときに、力強い味方のオオモノヌシ神が姿を現しました。

この神様は大国主命の荒魂（あらみたま）なのです。

大きな魂（エネルギー量）の神様になると「和魂（にぎみたま）」と「荒魂（あらみたま）」が別々のお社で祀られていることがあります。

伊勢神宮でも天照大神の和魂と荒魂は別のお宮です。

和魂は神様の理念のようなものを表し、荒魂は実際に仕事をするエネルギー体です。

大神神社は医療において霊験《れいげん》あらたかで、大手製薬会社の名前を書いた灯篭《とうろう》がズラリと並んでいる小道もあります。

神社の中で湧いている「ご神水」も体に良さそうです（実際、美味しかったのです）。

出雲大社も医療的なパワーのある神社なのですが、大神神社も同じです。

祀られているのが（和魂と荒魂の違いはあっても）元々同一の神様なのだから、同じ効用があるのは当然かもしれません。

山に向かって拝礼するだけではなく、山の頂上まで登っていくことができます。

昔は山には一切入ることができなかったのに、今は入れていただけることができ超ラッ

この鳥居をくぐると、明らかに空気が変わります。

キーです。

簡単な手続きを済ませば、ご神体の山の頂上へ向かって歩くことが許されます。ただしずっと山道が続き、半端な気持ちで登っていくわけには行きません。

高度四百メートルほどの山なので、一時間ほどで山頂に着きます。

神様の山なので、途中飲食したり、写真を撮ったりすることは禁じられています（お水とお茶はオーケーです）。

ぬかるんだ場所があったり、急坂のところがあったりはしますが、歩きやすいように階段がつくられ、草をかき分けて進まなければならないといったことはありません。

しかしながら全身から汗が吹き出し、上か

大神神社は三輪山がご神体なので、これは本殿ではなく、拝殿になります。

境内から見た景色。遠くに大鳥居が見えます。
それは大神神社への入り口で、随分と広い神域です。

イチキシマヒメが祀られていました。イチキシマヒメは、タゴリヒメ、タギツヒメとの三姉妹で、弁財天とも言われています。

ら下まで汗でビショビショになりました。

ふだん不摂生だとちょっとキツイかもしれません。

山頂に着くまでずっと木陰なので、直射日光に苦しめられるということもなく、霊的には祓《はら》い清められ、精神的にはリフレッシュされ、肉体的には汗と一緒に悪いものが全部出つくすといった感がありました。


伊勢神宮と出雲大社と大神神社に必ず毎月お参りに行っているという会社経営者の方を知っているのですが、「そんなにお参りばかりしていたら仕事ができないのでは？」と思ってしまいますが、その方の会社は隆々と繁栄しています。

スクナヒコナ命のお社。医療の神様でもあります。

《石上神宮》

石上《いそのかみ》神宮は物部氏と関係の深い神社と言われています。

物部氏は大和政権では軍事を司り、石上神宮もかつては武器庫であったと言われています。

ご神体は「布都御魂大神（フツノミタマのおおかみ）」で、布都御魂剣（フツノミタマのつるぎ）に宿る神霊と言われています。

「フツ」というのは刀を振ったときに鳴る音のことです。

歴史的にもいろいろあった場所ですが、今はおだやかな空気が流れています。

本殿

摂社

《伊弉諾神宮》

イザナギ命とイザナミ命が日本列島で一番最初につくった島が淡路島です（古事記）。

伊弉諾《いざなぎ》神宮もその淡路島にあります。

「神宮」と名がつく神社は天皇家との繋がりが濃く、格が高いのですが、神社全体にドッシリとした雰囲気がありました。

伊勢神宮に向かっての遥拝所もありました。イザナギ命とイザナミ命は天照大神の父母に当たります。

門の中に本殿があります。

本殿

伊勢神宮への遥拝所

境内にある樹齢九百年の楠

その楠のお社。樹齢九百年ともなると神格を帯びてくるのかもしれません。

――出雲への神旅――

《出雲大社》

出雲大社のご祭神は大国主命（オオクニヌシのみこと）です。

いじめられっ子で兄たちから二度も殺されています（その都度、母や姉の力で生き返りました）。

イケメンでモテモテだったのも大国主命の特徴で、名前がわかっている妻（それぞれ有名な女神様）だけでも六人くらいおり、子供は百八十人いたと言われています。

各地の豪族と同盟を結ぶとき、その一族から妻を迎え、統合していったという側面もあるのかもしれません。

この鳥居から入っていきます。

大国主命は、また多くの名前を持ち「オオクニヌシ」のほかに「オオナムヂ」や「アシハラシコオ」や「ウツクシクニタマ」や「ヤチホコノカミ」などとも呼ばれています。

エネルギー量が途轍《とてつ》もなく大きく、それだけ多くの役割や仕事を成し遂げてきたということでもあるのだと思います。

ふつう神社は上っていくのですが、出雲大社は下っていきます。

カッコいい大国主命

因幡の白兎の話も有名です。

・出雲大社の神々

出雲地方は雨が多く「早朝の雨の出雲大社参拝」を経験したことがありますが、これまた相当に雰囲気が良く、すべてが浄化される思いがしました。

出雲大社の最初の鳥居を入って、すぐに右手に瀬織津姫（せおりつひめ）を始めとする祓戸大神（はらえどのおおかみ）が祀られています。

瀬織津姫は古事記にも日本書紀にも出て来ないお名前なのですが、瀬織津姫に関する本はたくさん出版されており、私も何冊か読んだので、とても興味があります。

もう少し歩くと左手に野見宿禰（ノミノスクネ）のお社があります。

大国主命は南ではなく西側を向いて座っておられるそうです。

今の大相撲は、この野見宿禰から始まったと言ってもよく、いわば相撲の初代チャンピオンでもあります。

野見宿禰は現存した人物なのですが、なぜここに祀られているかと言うと、天穂日命（アメノホヒのみこと）の直系の十三代目だからです。

・神々が宿泊なさる社

十月は神無月《かんなづき》と言いますが、その月は日本の神々が出雲に集まるので、出雲では「神有月《かみありづき》」と呼びます。

で、出雲大社の中には、それらの神々が宿泊されるお社も設置されています。

神々が宿泊なさる社

そのお社はズラッと横に長く「十九社」と呼ばれ、ご祭神は「八百萬神（やおろずのかみ）」ということになります。

・背が高い出雲大社

大国主命が祀られている本殿は今でも背が高いのですが、昔はその数倍高かったようです。

本殿の前に、かつての柱の跡が形どってあり、大きな柱を三本束ねて一本の柱にしていました。

クレーンもない時代に、どうやってそれらの柱を立てたのかも謎です。

ここに三本の大きな柱が立てられていました。

左が実物大の柱です。そして、その下が実際に出てきた実物の柱です。
下は模型ですが、こんな高い建物になります。

本殿の模型ですが、こんなに高い建物でした。

本殿の右横に二つの建物があり、一つは須世理姫命（スセリビメ）のお社。

大国主命の正妻で、スサノオの娘でもあります。

大国主命はモテモテのイケメンだったので、スセリビメの嫉妬もキツかったようです

もう一つのお社には、キサガイヒメとウムガイヒメが祀られています。

このお二人はどちらも大国主命の姉で、大国主命が兄たちのイジメで死んだとき、介抱して生き返らせた看護の神様でもあります。

本殿の真後ろに回ると、須佐之男命（スサノオのみこと）をお祀りしたお社があります。

出雲大社全体がパワースポットですが、こ

本殿

スサノオ命を祀るお社

出雲大社の大鳥居から街のほうを見下ろした写真

こは特にスゴイようです。

礼拝の作法は「二礼四泊一礼」です。

・シタテルヒメ

出雲大社本殿の左側には大国主命の別の妻でもある、宗像三姉妹の長女のお社がありま す。

古事記と日本書紀では読み方が違うようで、私はタゴリヒメと覚えていたのですが、現地の説明書にはタギリヒメと書いてありました。

そのタギリヒメとオオクニヌシ命の間に生まれた娘がシタテルヒメです。

私の地元の宝塚に「売布《めふ》神社」があるので

出雲大社と言えば「しめ縄」でしょう。

すが、そのご祭神が下照姫（シタテルヒメ）。

下が照るほど美しいので、そのお名前がついたそうです。

天照大神のおられる天上界から、国譲りの交渉でアメノワカヒコが遣わされたのですが、大国主命の娘と結婚し、アメノワカヒコはその使命をスッカリ忘れてしまいました。

その妻というのがシタテルヒメ。

大国主命と宗像三姉妹の長女（タゴリヒメ）との子供なので、神様の世界でも最高の血筋の方であり、そうとは存じ上げず、地元なのに長い間疎《おろそ》かにし、まことに失礼いたしました。

《出雲大社の中のほかの神社》

出雲大社関連のお社の中に「菅原道真公」をお祀りしたものが二か所もありました。

菅原道真は実在の人物ですが、天満宮の神様として有名です。

が、どうして出雲にあるのかがわからなかったのですが、菅原道真はアメノホヒの十四代目子孫の、野見宿禰の流れの一族だという理由がありました。

神在月（普通の呼び方は神無月）のときに、
全国から神々がやって来て降り立つ稲佐の浜です。

《日御碕神社》

出雲大社からクルマで二十分くらいのところに日御碕（ひのみさき）神社があります。天照大神と素戔嗚尊（スサノオのみこと）の両方のお社があるという珍しい神社ですが、上のほうに祀られているお稲荷さんからの「氣」がスゴイのです。

イナリはイネナリ（稲なり）から来ているようで、要は穀物の神様です。

お稲荷さんは実はウカノミタマという神様で、スサノオの子供でもあるのです。

「うか」とか「うけ」というのは、穀物や食べ物に留まらず、衣食住や産業の神様を表

日御碕神社を上から見た写真

します。

伊勢の「豊受大神（トヨウケのおおみかみ）」の中にも「ウケ」という言葉が入っていますが、やはり産業や仕事の神様です。

天照大神のお社

この鳥居の上から降りてくる「氣」がスゴいのです。
上へ行くとお稲荷さんがありました。

《須佐神社》

須佐神社はスサノオ命が晩年に住んでいたところです。

川に沿って山中に向かい、何もないところなのに「魂が洗われる」といった表現がぴったりの場所です。

足の便がとても悪いのに、行くたびにほかの参拝客も必ず見かけます。人気パワースポットであることは間違いがないようです。

神社の奥に進むにつれ、スピリチュアルなパワーが増していきます。

ここで佇《たたず》み、樹齢千二百年の大杉の「氣」を堪能しました。

須佐神社

樹齢千二百年の大杉

近づくにつれて「氣」が漲ってきます。

《美保神社・八重垣神社・佐太神社》

島根と言えば出雲大社が真っ先に頭に浮かんでくるのですが、美保神社と八重垣神社と佐太神社の三つの神社へも行ってきました。いずれも本を読んでいるとよく出てくる神社なので一度訪問してみたかったのです。

美保神社のご祭神はコトシロヌシ神。

オオクニヌシ命の嫡男的存在の方です。

オオクニヌシには子供が百八十人いたのですが、その中でもコトシロヌシを一番頼りにし、国譲りのときにも最初に相談しています（ちなみにオオクニヌシは大国さん、コトシロヌシは恵比寿さんとして親しまれています）。

コトシロヌシは「お譲りしてはいかがでしょうか」とオオクニヌシに応えているのですが、同じく息子のタケミナカタは納得せず、天照大神の使者であるタケミカヅチに腕力での戦いを挑みました（この二柱の神々はお名前がよく似ているので混乱します）。が、武の実力はタケミカヅチのほうが圧倒的に上で、タケミナカタは逃げに逃げ、諏訪湖のほとりまで逃げてきたところで降参。

その地から一歩も出ないことを条件に許されます。したがって、神無月のときに神々は出雲に集合するのですが、タケミナカタは参加することができず、諏訪にとどまっているとのことです。

もちろん諏訪大社のご祭神はタケミナカタ神です。

諏訪大社は大きな四つの神社から成り立っており、七年に一度開催される壮大な御柱《おんばしら》祭《まつり》もあり（畏《おそ》れながら）とても敗者には思えぬ立派さです。

八重垣神社のご祭神はスサノオ命。

ヤマタノオロチを退治する前に、クシナダヒメを保護し隠した場所が、この八重垣神社と言われています。

スサノオ命が祀られている神社には、独特の波動があり、ひと言で言うと「粗にして野だが卑ではない」といった感じです。

佐太神社の主祭神はサルタヒコ命。
伊勢や鈴鹿にサルタヒコ命をお祀りする立派な神社があり（猿田彦神社と椿大社）、サルタヒコはてっきりその地域の土着の神様だと思っていたので、島根に神社があるのはちょっと意外でした。

まずは美保神社へ。
美保神社は半島の先にあるので、道中ずっと海が見えました。
主祭神はコトシロヌシ神。
しばらく境内で佇《たたず》んでいると、もの凄いエネルギーを背後の山から感じました。
日本海は波が荒い感じがし、瀬戸内海とはだいぶ印象が違います。

日本海に面した漁港

美保神社

もの凄いエネルギーを感じました。

海を眺めながら美保神社へ。

海に接すると、なぜかテンションが上がります。

こちらは八重垣神社です。

スサノオ命がヤマタノオロチと戦う前にクシナダヒメを隠した場所だと言われています。

八重垣神社の奥のこの池で「恋愛占い」ができます。

恋占い中の若い女性たち

八重垣神社

若い女性がひっきりなしに来ていました。
私も占いをやりたかったのですが、「六十八歳既婚男性（孫四人）」がやるべきではないと自重しました（笑）。

八重垣神社の境内には大きな杉の木がありました。
大木が育つ場所は「氣」がいいのです。

次に佐太神社。
主祭神は猿田彦命。
天照大神とスサノオ命もお祀りされていました。

八重垣神社の杉の大木

佐太神社

建物は出雲大社と同じ形式です。

——北九州への神旅——

《宗像大社》

ナビに沿って車を走らせ「田舎町も過ぎて、なんだか山の中に入って来たなあ」と思うところに、宗像《むなかた》大社に到着します。

宗像大社はスサノオ命の娘（三姉妹）を祀っています。

沖の島という玄界灘の孤島に長女のタゴリヒメが、また大島にタギツヒメが、そして今回私が向かった山の中に三女のイチキシマヒメをお祀りする神社があります。

神社には神々が降りて来られた神聖な場所があり、あまりの神々《こうごう》しさに、しばらくその場を離れることができませんでした。

宝物館には昔から伝わる装飾品や工芸品が展示されていたのですが、戦艦三笠の羅針盤も展示されていました。

タゴリヒメが沖の島に祀られているのですが、日露戦争での日本海海戦は沖ノ島沖で行

宗像大社・辺津宮の正面鳥居

正面のお社に市杵島姫（イチキシマヒメ）をお祀りしています。

われたそうで、東郷平八郎が率いる日本海軍はパーフェクトでバルチック艦隊を打ち破りました。

まさに神がかりの勝利でした。

日露戦争後、東郷元帥が神恩に感謝して戦艦三笠の羅針盤を宗像大社に寄贈したとのことです。

こういうことは現地に行かないとなかなか知り得ないことです。

それぞれタゴリヒメとタギツヒメのお社です。
伊勢神宮の式年遷宮のときに、月読宮の建物がこちらに移築されました。

神々が降臨された場所。素晴らしい空間でした。

まわりはノンビリした風景です。

《香椎宮》

昔、高校生のときに香椎《かしい》高校で柔道の合同合宿をしたことがあります。

大きな柔道場のようなところで寝泊まりしたのですが、朝、地元の高校の柔道部員の「起きれ～！」という声で起こされました。

「動詞の五段活用が間違っておる」と思いながら起きたことを思い出します。

香椎宮《かしいぐう》の主祭神は仲哀《ちゅうあい》天皇と神功《じんぐう》皇后。

仲哀天皇は神の怒りを買って亡くなられているので、実際は三韓征伐を行った神功皇后が主祭神ではないかと（畏《おそ》れながら）思います。

香椎宮のご祭神

「弁財天（イチキシマヒメ）」や、神功皇后を補佐した「武内宿禰（たけしうちのすくね）」や「中臣烏賊津大連命（ナカトミノ・イカツ・オオムラジのみこと）」のお社もありました。

本殿はずっと先にあります。

ここが最初の鳥居

正面が本殿ですが、本殿で「二礼二拍手一礼」を終えた途端、猛烈な大雨が降ってきました。

平成二十五年の出雲大社の式年遷宮が終わった瞬間にも大雨が降り出したのですが、それを思い出しました。

すべてのものが洗い清められたような気がしました。

本殿

神功皇后が植えられた杉で、
樹齢千八百年とのことです。

《筥崎宮》

「筥崎宮《はこざきぐう》」へ向かいました。神社を訪問するときは、必ずご祭神を確認して行くのですが、筥崎宮のご祭神は応神天皇と神功皇后と玉依姫（タマヨリヒメ）。

応神天皇は第十五代天皇で「宇佐神宮」や全国の八幡神社のご祭神でもあります。

神功皇后は応神天皇の母親です。

女性ながら自ら戦《いくさ》に向かわれた方でもあります。

玉依姫は初代神武天皇の母親ですが、なぜご一緒に主祭神になられているのかは、よく

ご祭神は応神天皇と神功皇后と玉依姫

どっしりした雰囲気の神社でした。

「敵国降伏」の額が掲げられています。見事に元寇を退けました。

わかりません。

ここでご祈祷をお願いしました。

祈願には「家内安全」や「商売繁盛」などがあるのですが、ここでは普通の神社にはあまりない「国家安泰」がありました（さすがです）。

「神々のご繁栄」や「日本国繁栄」が私の祈願の本意でありますが、今回は初めて「国家安泰」でご祈祷をしていただきました。

ご祈祷を受けながら、今後神功皇后をお祀りしている神社を訪問していき、神功皇后の「追っかけ」をしたい気持ちが強く湧いてきました。

亀山上皇（第九十代天皇）の時代に元寇があったことを知りました。
「身を以て国難に代わらん」のお気持ちです。

「武」の神様に御祈願に来るチームは多いようです。

プロ野球球団の福岡ソフトバンクホークスや、Ｊリーグのアビスパ福岡、プロバスケットボールのライジング福岡なども、毎年ここで必勝祈願をするようです。

社会人野球部の勝利祈願

神社には大木・老木が多いのです。これは樹齢八百年の楠。

筥崎宮のパワースポットとのこと。「湧出石（わきでいし）」です。

《宮地獄神社》

北九州で一泊し、次の日に車で、宗像大社（辺津宮）→宮地《みやじ》獄《たけ》神社→香椎宮→筥崎宮と巡っていく「お気に入り」のルートがあります。宗像大社（辺津宮《へつみや》）には宗像三姉妹のひとりイチキシマヒメが祀られ、宮地嶽神社以降はオキナガタラシヒメ（神功皇后）がお祀りされ、女神様のルートでもあります。

私は神功皇后のファンなのですが、宮地獄神社は神功皇后がメインでお祀りされています。

階段で本殿がある山の高台に昇るのですが、

海にまで続く一本道の参道。絶景です。

そこから振り向くと、海にまで続く一本の道が見え、感動ものです。

実際、そこを舞台にテレビのＣＭが撮られたこともあるようです。

初めて行った神社だったので、スピリチュアル的なものはよくわからなかったのですが、あとから魂にガツンと来る神社でした。

本殿の奥にも、小さなお社が八社ほどありました。

ワクワク感いっぱいの本殿

オシャレな神社です。

まるで出雲大社のような大きなしめ縄

こういうノボリも賑やかな感じがして楽しいのです。

中には「恋」のお社もありました。

本殿の屋根の千木《ちぎ》（左右端の上に飛び出た部分・四本）、鰹木《かつおぎ》（屋根から横に並んだ部分・七本）を見ていてちょっと疑問が湧いてきました。

ちょっとオタク的疑問なのですが、この千木《ちぎ》の形だと、鰹木は偶数になるはずなのですが…？

千木と鰹木

《鹿島神宮》

鹿島神宮と香取神宮に、息栖《いきす》神社を加えた三つの神社を「東国三社」と呼び、「武」の神様をお祀りしています。

鹿島神宮は建御雷（タケミカヅチの）神、また香取神宮は経津主（フツヌシの）神がご祭神です。

タケミカヅチ神は出雲の国譲りのときに、タケミナカタ命と戦って勝利した神様です。

イザナミ命がヒノカグツチの神を生んだとき、ホト（子宮）をヤケドして死んでしまいました。

怒ったイザナギ命が剣でヒノカグツチの首を切り、その剣から滴り落ちる血から生まれたのがタケミカヅキ神です。

鹿島神宮にゆかりのある剣豪に塚原卜伝《つかはらぼくでん》がいます。

名の通った剣豪の中でも、多分一番強かったのではないかと思われます。

塚原卜伝は鹿島神宮で修行し、鹿島の神からインスピレーションやパワーを得ました。

奈良は鹿で有名ですが、その鹿は実は鹿島神宮から連れていかれたと言われています。鹿島神宮と次の香取神宮のあるエリアは、古代の藤原氏の出身地と推測されます。

藤原氏の氏神である奈良の春日大社にもタケミカヅチ神は祀られています。

初めての神社に参拝すると、そのときはピンと来なくても、あとになって自分の中でその存在感がグングン増してくることがよくあります。

鹿島神宮もまた、熱田神宮や出雲大社など

鹿島神宮の御門

と同様に、行くとその迫力に圧倒される神社でもあります。

《香取神宮》

香取神宮は、鹿島神宮のタケミカヅチの神の盟友のフツヌシの神がご祭神です。

やはり「武」の神様です。

利根川をはさんで茨城県に鹿島神宮があり、千葉県に香取神宮があります。その間の距離は十七キロメートル程度。

後世、詳細な日本地図作製で有名な伊能忠敬も香取神宮の近く（佐原）の出身で、やはり藤原氏の末裔です。

香取神宮の本殿

《九頭龍神社》

九頭龍《くずりゅう》神社は芦ノ湖に沿って三十分ほど歩いたところにあります。

森林と湖のマイナスイオン満載の道を歩くだけで、心が浄化されそうです。

かつては悪行を行い、里人を苦しめていた芦ノ湖の龍が、萬巻上人（まんがんしょうにん）により調伏《ちょうふく》、悔い改めて今や人々の願いを叶える九頭龍として活躍しているという由来があります。

この辺は、悪ガキが一躍ヒーローになったスサノオ命と何となくよく似ています。

龍というのは、この地球上には存在しないのに、絵や彫刻などはたくさんあり、その姿は誰でもイメージできます。

きっと霊的なエネルギー体としては間違いなく存在するのでしょう。

青森の無農薬無肥料で有名な、リンゴ農家の木村秋則さんは、スピリチュアル的にトンデモナイ体験をよくしていますが、真正面で龍に会った体験も本に書かれていました。

龍のことはあまり研究したことはないのですが、白龍や黒龍や青龍など、いろんな種類があるようです。

その中でも九つの頭を持つ九頭龍は龍神の最高位に位置しています。

悪さをしたり、イタズラ好きな龍もいたりするので、「龍神」とは言え、龍自体が即「神様」ではないような気もしますが、龍のパワーを借りて、ダイナミックに素早く物事を解決していくのもアリだと思っています。

箱根神社の境内に九頭龍神社の新宮がありますが、その手水舎《ちょうずしゃ》には九つの龍がいました。

まずは白龍神社がありました。

湖畔を歩くので気持ちがいいのです。

芦ノ湖がきれいです。

九頭龍神社（本宮）

九頭龍神社（新宮）の手水舎には九つの龍がいます。

――信州への神旅――

《戸隠神社》

高天原（たかまがはら）でのスサノオの酷《ひど》いイタズラに、天照大神がついに怒り、天の岩戸に隠れてしまわれました。

世の中が真っ暗になり、困った神々が、天照大神を天の岩戸から出すために知恵を絞りました。

アメノウズメ命という女神のヒョウキンな踊りに、神々がどっと笑いだすと、天照大神は何事かと、ほんの少し天の岩戸を開けました。

その隙間に手を入れ、タヂカラオという怪力の神様が天の岩戸（引き戸）を押し開けたのですが、そのとき勢い余って、戸が下界に落ちてしまいました。

その落ちたところが戸隠神社というわけです。

前日に立ち寄った高速道路のパーキングエリアの気温が三十度近かったのに、戸隠《とがくし》神社の朝の気温は十二度でした。

冬はさぞかし寒いに違いありません。

戸隠神社は奥社・中社・宝光社の三つから成り立っていて、それぞれご祭神も違い、場所も離れています。

その辺の事情は、実際に足を運ばなければよくわかりません。

また元々「修験道」が盛んなところで、そのための宿泊施設である宿坊があちこちにありました。

この地で天台宗と真言宗の法戦も激しかったようで、修験道や仏教や神道が入り混じり、そのすべての聖地であったようです。

まるで、ユダヤ教、イスラム教、キリスト教すべての聖地のエルサレムのようです。

おまけに上杉軍と武田軍とが常に覇権を争っていた場所でもあり、軍事的にも〝ややこしい〟ところだったようです。

ただ、スピリチュアル的には「深く」、「濃い」場所であることは間違いがありません（行けばわかります）。

戸隠神社の中社にはオモイノカネ命が、また奥社にはタヂカラオ命が祀られています。それぞれがご祭神となっている神社はそんなに多くはなく、そういった意味でもぜひ訪れてみたかったのです。

特に奥社は「パワースポット感」抜群でした。

長い長い参道（というか、ほとんど山道）を歩いていくのは結構キツく、参拝してヘトヘトになったのは、山自体がご神体の大神《おおみわ》神社に登って以来のことです。

奥社への山道を歩いていると「熊出没注意」の看板を目にしました。

熊が出るのはわかったけれど、どう注意したらいいのかがサッパリわかりません。

幸いなことに熊には出会わなかったのですが、猿を見かけました。

もう少し歩くと「スズメバチに注意」のプレートも掲げられていました。

「どれだけ危険やねん！」と思わずツッコミを入れたくなりました。

伊勢神宮も広いので結構歩くのですが、基本的には参道はフラットです。

その点、戸隠神社の奥社へはずっと山道なので、気力・体力がないと参拝できません。

神社の中には、そこの神様に呼んでもらわないと行けないというところがあるようですが、そういった意味では戸隠神社も、体力・気力が充実し、神様と息が合わないと行けないところなのかもしれません。

早朝に来たので、行きは誰とも会わなかったのですが、帰りはたくさんの参拝客や登山者と出会いました。

やはり人が多くなると、精妙な波長の空気感がちょっと崩れてくるのです。

参拝は早朝に限ります（「早起きは『三億』の得」なのです）。

先生に引率された中学生の団体にも出会いました。

こういうピュアなところに一度来ると、あとグレようがないと思いました。

ご祈祷は中社で行われています。

奥社に参拝のあと、中社の社務所で祈祷をお願いしたところ「ご予約はされていますか？」との意表を突く質問。

「いいえ」と答えると、「予約が混んでいて、今からだと昼からになります」との答え。

まさか祈祷に予約がいるとは思わず、また予約でいっぱいだとも思わず、正直びっくりしたのであります。

奥社への最初の鳥居。一歩入ると空気感が違ってきます。

森林浴ならぬ〝神林浴〟です。

アメのタヂカラオ命が祀られています。怪力の神様です。

中社の鳥居

中社からさらに参道の階段を登りきると……

中社の鳥居からのこの階段を登りきると、「アメのヤゴコロ・オモイノカネのみこと」が祀られたお社があります。

この神様は知恵の神様です。


あとになって段々と「効いてくる」旅というのがあります。

時間が経つにつれ、印象が濃くなっていくような旅です。

この戸隠神社もまさしくその一つでした。

有名な神社を紹介したガイドブックには、戸隠神社は必ず掲載されています。

いかにもスピリチュアルな感じがして魅力的なのですが、実際に訪れてみると期待は全く裏切られません。

アメのヤゴコロ・オモイノカネ命のお社

参拝は早朝にするのが一番良く、午後からの参拝と比べると、パワーが随分違ってくるように感じます。

したがって、ちょっと遠出の神社は、一泊して早朝から清々《すがすが》しい気持ちで参拝するのがいいように思います。

戸隠神社も素晴らしいですが、長野県自体もいいところですね。

精密機械製作などでも、優秀な会社が結構たくさんあります。

空気や水がいいところは人もいいかもしれないし、不良品の率も少なくなるのでしょう。

東京などでは、小売店やレストランで働いている外国人の姿を必ず目にします。

さすがに長野では外国人は働いていないと思っていたのですが、ソバ屋に入ったとき、インド系の顔をした人たちが複数働いているのを見てびっくりしました。

差別意識は全くないのですが、「ソバ屋」と「インド系」のイメージ的なギャップが大きく、なんだか面白かったのです。

おわりに

本を書く作業は、思った以上にエネルギーがいることを知りました。

その分、書き終わった後の達成感や満足感は半端ではありません。

この本を書くことにより、自分自身が一番変化できたように感じています。

今後は「神道研究家」の道を歩んでいきたいと思っています。

私自身はビジネス界の人間ですが、神道と経営（ビジネス）の相性はとてもいいように思います。

最初はピンとこなくても、神社に通い続けているうちに「豊かで幸せ」になっていることに気づくはずです。

一人でも多くの人に神社へ行っていただきたいというのが、この本の趣旨でもあります。

日本の神々は個性豊かで、また神社によって雰囲気も違ってきます。

「マイ神社」や（畏《おそ》れながら）「マイ神様」を見つけると、神社巡りがもっと楽しくなるかもしれません。

自力で頑張るというのもいいのですが、神様の力をお借りすると、とてもスムーズに物事が進んでいきます。

運だってダンゼンよくなるのです。

運というのは才能や努力とはまた別物で、神様の分野のお話です。

ならば、運を良くするには神様に気に入っていただくのが一番手っ取り早いわけです。

神様に気に入っていただくためには神社参拝が何より。

そこで、「神社へ行って、運気を上げよう！」となったわけです。

【本文中に登場する神社の索引】

［著者］
出口和生（でぐち・かずお）

1953年、兵庫県宝塚市に生まれる。1975年、関西学院大学経済学部卒業。

大手不動産会社に勤務のあと、28歳のときに不動産会社を設立、今年で40年目を迎える。

経営の傍ら、語学や読書や海外旅行や神社巡りにも熱心に取り組む。

年間読書数は2,400冊を超え、自宅地下に個人図書館を所有。

12年間1日も休まず、毎日ブログを更新中。

神社巡りにおいては、毎月の伊勢神宮への参拝を欠かさない。

神社の持つ神秘的な空気に魅力を感じ、「神旅」を続けて神道についても探求を行っている。

主な著書は『実践コインパーキング事業』（にじゅういち出版）、『「多読」のススメ』(幻冬舎)、『駅前不動産屋奮闘記』(週刊住宅新聞社)など15点に及ぶ。


神社《じんじゃ》へ行《い》って、運気《うんき》を上《あ》げよう！

2021年 11月 30日 初版発行

著　　者　出口和生
発 行 者　浜田充弘
発　　行　アスカ・エフ・プロダクツ
発　　売　明日香出版社
〒112-0005 東京都文京区水道2-11-5
電話 03-5395-7650（代表）
https://www.asuka-g.co.jp

印刷・製本　シナノ印刷株式会社

 ISBN 978-4-7569-2186-4 C0030

カバーデザイン　野口　優